Claudia Dell **Araki-esque. Die Fesselbilder von Nobuyoshi Araki**

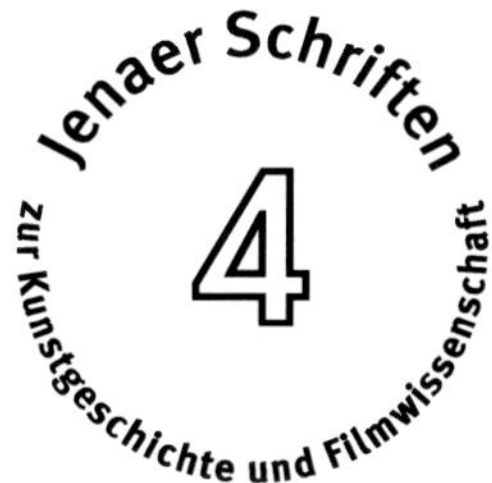

Claudia Dell

Araki-esque.
Die Fesselbilder von Nobuyoshi Araki

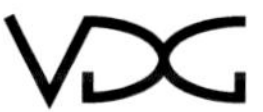

Jenaer Schriften zur Kunstgeschichte und Filmwissenschaft
Hg. vom Seminar für Kunstgeschichte und Filmwissenschaft,
Friedrich-Schiller-Universität Jena
Band 4

Besuchen Sie uns im Internet:
www.asw-verlage.de

Layout
Satzzentrale GbR, Marburg

Satz
Monika Aichinger, arts + science weimar GmbH

Druck:
Schätzl Druck & Medien GmbH & Co. KG, Donauwörth

Titelbild
Nobuyoshi Araki, o. T. (aus der Serie „Marvellous Stories of Black Ink"), 1992–1994, Fotografie, © Nobuyoshi Araki, Courtesy Kunstmuseum Wolfsburg

ISBN 978-3-89739-911-2

Bibliografische Information der Deutschen Nationalbibliothek
Die Deutsche Nationalbibliothek verzeichnet diese Publikation in der Deutschen Nationalbibliografie; detaillierte bibliografische Datein sind im Internet über htp://d-nb.de abrufbar.

Inhalt

1. Einleitung

Nobuyoshi Araki (*1940) antwortet in einem Interview auf die Frage, was seine Blumenstillleben von denen des Amerikaners Robert Mapplethorpe unterscheide: „Gekünsteltes lasse ich nicht zu".[1] Die Frage impliziert eine Vergleichbarkeit, deren terium comparationis die inszenierte Fotografie ist. Neben Blumenarrangements setzt Araki auch Menschen und vor allem Frauen in Szene. Seine Fotografien zur *kinbaku*-Fesselkunst zeigen Japanerinnen, die nach traditioneller Art in Kimonos gekleidet, mit Kanzashi Haarnadeln frisiert und durch perfekt verknotete Naturfaserstricke fixiert sind. Ihre Gesichter liegen auf den Bildmittelachsen, sie sind von natürlichem Licht ausgeleuchtet und die Farben im Bild sind teils harmonisch, teils kontrastvoll aufeinander abgestimmt. Soweit der erste Eindruck der auf formaler und inhaltlicher Ebene sinnlich bis erotisch wirkenden Fotografien.

Wie das oben angeführte Zitat bereits vermuten lässt, erfüllt sich ein Bild für Araki nicht in einer oberflächlichen, makellosen Perfektion der (fotografischen) Pose. So kommt es, dass die Blicke der Japanerinnen ausdruckslos in die Kamera oder an ihr vorbei führen. Ihre Körper nehmen zudem keine manierierten

1 Nobuyoshi Araki im Interview mit Roland Hagenberg. In: Osterkorn, Th./Petzold, A. (Hrsg.): Araki. Hamburg 2009. S. 9. (Im Weiteren: Osterkorn, 2009.) – Über das Inszenieren floraler Arrangements hinaus verbindet beide die fotografische Bearbeitung des menschlichen Körpers. Ohne den japanischen und den New Yorker Künstler gleichsetzen zu wollen, kann das angebrachte Zitat als für beide bezeichnend gelten. Im Inszenieren und vor allem der angestrebten Perfektion sind sich beide ähnlich. Dem Werk Robert Mapplethorpes schreiben sich die Kategorien des Perfekten und betont Künstlichen nahezu definierend ein. (Mapplethorpe, Robert: Flowers. Robert Mapplethorpe. München 1993. Vorwort.; Blessing, Jennifer: Die klassische Allegorie in der Fotografie. In: Celant, G./Ippolitov, A. (Hrsg.): Robert Mapplethorpe und die klassische Tradition: Fotografie und manieristische Druckgrafik. Kat. Ausst. Deutsche Guggenheim Berlin, Berlin 2004. S. 30.)

Haltungen ein. Weiterhin fallen sogar Aufnahmefehler auf. Es finden sich – um nur einige zu nennen – Unschärfen, Atelierhintergründe und Überbelichtungen. Bei der Betrachtung der Fotografien bleibt der Anspruch auf Ungekünsteltheit aber trotzdem irritierend, da doch eindeutig inszenierte Motive vorliegen. Dem Gekünstelten werden natürlich und authentisch wirkende Elemente gegenübergestellt und zwar auf beiden Seiten der Kamera. Den genau geplanten und vorbereiteten Settings, den Modellen, die bekleidet mit Kimonos oder in ihrer offensiven Nacktheit kunstvoll gefesselt ganz offensichtlich inszeniert sind, steht der abwesende, versunkene Blick mit seiner authentischen Wirkung kontrastreich gegenüber. Dies geschieht vor der Kamera. Auf der anderen, bildkonstituierenden Seite nutzt Araki beispielsweise zu große Blenden, woraus eine Überbelichtung der Fotos resultiert. Dies untergräbt erneut die Perfektion der Inszenierung. Der zweite Eindruck ist demnach nicht mehr ganz eindeutig. Das Irritationsmoment in Arakis Werkgruppe zur Fesselkunst besteht in der Gleichzeitigkeit einer perfekten und harmonischen Bildkomposition, den vermeintlich fotografischen Fehlern sowie den versunkenen Blicken der Frauen, die spannungsvoll das erotische Moment der Inszenierung verneinen. Es lässt sich folglich fragen, wie Arakis Inszenierungen funktionieren, welche Auswirkung besagte „Mängel" auf die Bilder haben und was die Gleichzeitigkeit von perfekten und imperfekten, gekünstelten und ungekünstelten Merkmalen bewirkt. Heben sich dadurch die Effekte der gegensätzlich wirkenden Gestaltungsmittel auf oder verstärken sie einander? Verfolgt Araki bestimmte Prinzipien der Darstellung? Die letzten beiden Fragen wiederum setzen voraus, dass die hier als Fehler bezeichneten Beobachtungen als bewusste Setzungen des Künstlers aufgefasst werden und damit natürlich auf produktionsästhetischer Seite keinen Mängelcharakter aufweisen, jedoch rezeptionsästhetisch damit spielen. Die Frage danach, ob Araki konkreten Darstellungsprinzipien folgt, geht damit einher, setzt aber auch eine daran anschließende Frage frei: Welche Gestaltungsmittel nutzt er? Drei fanden bereits Erwähnung: harmonische Komposition, Aufnahmefehler und der Blick in die Kamera.

Um differenziertere Beobachtungen anstellen zu können, sollen drei als exemplarisch geltende Fotografien eingehender betrachtet werden. Davon ausgehend werden die für Arakis Œuvre spezifischen Merkmale erschlossen. Dabei stehen vor allem das Wechselspiel der verschiedenen Darstellungsprinzipien und die Art ihrer gegenseitigen Beeinflussung im Vordergrund. Es wird nämlich von einer Ambiguität erzeugenden Verflechtung der unterschiedlichen Ebenen eines Bildes von Araki ausgegangen.

Diese Ambiguität nimmt ihren Ursprung gerade in der eben beschriebenen parallelen Darstellung von Inszenierung und Unpose. Hinzu kommt die Doppeldeutigkeit der einzelnen Requisiten wie Kimono, *kinbaku* und Kalligraphie, welche die formale Ambiguität um eine inhaltliche erweitert. Die Art der Verwendung des Kimonos bei Araki deutet auf ein japanisches Genre aus dem 17. Jahrhundert, das *shunga* hin. Es handelt sich dabei um Holzschnitte, die ver- und enthüllte Körper von Männern und Frauen zeigen, die miteinander Sex haben. Sie fungierten als Flugblätter für Bordelle.[2] Sie berufen sich auf das Genre *ukiyo-e*, was übersetzt „Bilder der fließend vergänglichen Welt“[3] bedeutet und mit Bezug auf das *shunga* neben den fleischlichen Freuden auch die weltliche Vergänglichkeit thematisiert.[4] *Ukiyo-e* ist somit dem christlichen Begriff der *vanitas* vergleichbar und besetzt so ebenfalls eine zweiseitige Bedeutungsstruktur.

Der Einsatz traditioneller Bestandteile der japanischen Kultur wie Kimono, Kalligraphie und *kinbaku* hat Araki in der Forschung unter anderem zum „modernen *shunga* Meister“[5] werden lassen. Dies soll im Folgenden näher besprochen werden. Doch zunächst interessiert der Bezug zu dieser Gattung und die Beziehung der Bedeutungsstrukturen der genannten drei Elemente. Grundlegend ist zu ihnen und zur Rezeption Arakis zu sagen, dass sie neben den ausgewogenen Bildkompositionen ebenfalls für den Inszenierungsstatus der Fotografien stehen. Weiterführend ist jede einzelne von ihnen, ähnlich dem *shunga*, von einer zweiseitigen oder konträren Bedeutungsausrichtung bestimmt. Allen gemein ist eine Verbindung zum Erotischen, was auf den ersten Blick stimmig erscheint, wenn an eine Übertragung des *shunga* in die Gegenwart gedacht wird. Doch bricht besonders der direkte Blick der Modelle und die Fokussierung ihrer tranceartigen Gesichts-

---

2 Dreves, Hannelore: Japan. Der erotische Körper – wirklich nackt? In: Hornborstel, W./Jockel, N. (Hrsg.): Nackt: die Ästhetik der Blöße. Kat. Ausst. MKG Hamburg. München 2002. S. 114. (Im Weiteren: Dreves, 2002)

3 Delank, Claudia: Frühlingsbilder (shunga). Japanische erotische Holzschnitte. In: Wismer, Beat (Hrsg.): Der verbotene Blick auf die Nacktheit: Diana und Actaeon. Kat. Ausst. Museum Kunst-Palast Düsseldorf. Ostfildern-Ruit 2008. S. 259. (Im Weiteren: Delank, 2008)

4 Dreves, 2002. S. 119.

5 Burtschell, Katrin: Nobuyoshi Araki und Henry Miller – eine japanisch-amerikanische Analogie: ein interdisziplinärer Ansatz über Absicht und Wirkung des Obszönen in Kunst und Literatur. Berlin 2009. S. 128. (Im Weiteren: Burtschell, 2009); Pitman, Joanna: Japan beneath the Kimono. Times, 27.09.2005. S. 121.

ausdrücke abermals mit dieser eindeutigen Lesart. Allein durch diese Gegenüberstellung eröffnen sich weitere Bedeutungsebenen. Diese sollen eingehend im ersten Schritt dieser Arbeit dargelegt werden, um sie später im Analyseteil bei der Interpretation berücksichtigen zu können.

Die Klärung dieser drei Merkmale – Kimono, Kalligraphie und kinbaku – der traditionellen japanischen Kultur dient außerdem dem Nachvollziehen und Prüfen der in der Forschung vertretenen Meinung, man habe es mit modernen *shunga* Blättern zu tun. Es wird davon ausgegangen, dass die Verbindung der drei Merkmale mit Arakis typischer Darstellungsweise etwas über die Gleichzeitigkeit von fleischlicher Lust und deren Vergänglichkeit des alten Genres hinaus verhandelt. In der vorliegenden Arbeit wird angenommen, dass Araki auf diese Weise gattungstheoretische Fragen aufwirft, die das Portrait, den Akt und das Stillleben streifen. Die Leitfigur für diese zweiteilige Annahme bildet die Ambiguität. Es lassen sich nämlich sowohl auf inhaltlicher als auch auf formaler Ebene Uneindeutigkeiten ausmachen, die in ihrer Verbindung zueinander vielschichtige Beziehungen eröffnen. Diese führen schlussendlich zu Irritationen bezüglich des eigentlichen Sujets. Von maßgeblicher Bedeutung ist hierbei die Rolle der Fotografie, die als abbildendes Medium innerhalb der Inszenierung die Funktion des Bildes befragt. Die parallelen und teils gegenläufigen Bezugnahmen der einzelnen Bildbestandteile aufeinander erzeugen allein durch ihre Abbildung Widersprüchlichkeiten, die über eine bloße Wiedergabe hinausreichen. Besonders durch die reiche Verwendung von bekannten Merkmalen und Symbolen der japanischen Kultur begründet sich die Befragung der Bilder in letzter Konsequenz vor dem Hintergrund ihres reflexiven Tableaucharakters. Das letzte Kapitel soll dann die Fragen nach den Darstellungsprinzipien, dem Wechselspiel der Bedeutungen, den verwendeten drei Kulturmerkmalen sowie dem Medium zusammenführen.

Ausschlaggebend für die Ausrichtung der Arbeit sind die Ausführungen Elisabeth Bronfens und Lena Fritschs. Letztere geht in ihrer Arbeit „The Body as a Screen" grundlegend davon aus, dass Araki mit seiner Fotografie die Grenzen des Mediums und vor allem des *status quo*[6], der uneingeschränkten Glaubhaftigkeit der Wiedergabe von Wirklichkeit, auslotet. Bronfen spricht in ihrem Aufsatz „Wunden der Verwunderung" davon, dass Araki

6 Fritsch, Lena: The Body as a Screen: Japanese Art Photography of the 1990s. Hildesheim 2011. S. 63. (Im Weiteren: Fritsch, 2011)

Heterotopien[7] ins Bild setzt, in denen die Modelle zu Metaphern werden, die sich innerhalb der Inszenierung des Begehrens neu entwerfen.[8] Dadurch, dass sich die Frau fesseln lässt und sich exhibitionistisch zur Schau stellt, wird Voyeurismus überflüssig. Die Frau akzeptiert, provoziert sogar durch die Stilisierung ihrer Herrichtung die Zeichen- und Tropenwerdung und begegnet auf diese Weise dem heuchlerisch geheimgehaltenen, begehrlichen Blick des Mannes. Bronfen vertieft dies, indem sie weiter davon ausgeht, dass die Fotografien Aussagen über das eigene Potential, Kunst zu sein, treffen. Bronfen konstatiert ebenfalls eine gegenseitige Reflexion von Medium und Bild, die so funktioniert, dass die Modelle in ihrer Zeichenhaftigkeit die enorme Stilisierung des Bildes spiegeln.[9] Schlussendlich stellt Bronfen die These auf, dass Araki den physischen Körper der Frau sprachspielerisch umdeutet und ihn zu einer Trope, einer rhetorischen Figur umfunktioniert.[10] Von einem poetologisch-literarischen Aspekt wird in dieser Arbeit nicht auszugehen sein. Doch bildet die grundsätzliche Idee von Entkörperlichung im Zuge einer Symbolbildung ein Erkenntnisziel, welches in Hinblick auf die Funktionsweise der Darstellungsprinzipien erarbeitet werden soll. Gleichzeitig wird dadurch von der Vorstellung Abstand genommen, dass der weibliche Körper in seiner Objektivierung zu einer Projektionsfläche wird.

Die These Katrin Burtschells, Araki sei ein moderner *shunga* Meister, reicht über die hier zu verhandelnden *kinbaku* Fotografien hinaus. Sie bezieht weitere Werkgruppen ein, wie z. B. das *pseudo diary*. Es zeigt Aufnahmen von Menschen in Bars und Bordellen der Vergnügungsviertel von Tokio. Der Annahme des mo-

---

7 Der auf Foucault zurückgehende Begriff der Heterotopie beschreibt ein Phänomen, das sich wirklichkeitsfernen Utopien entgegensetzt. Es sind "wirkliche Orte, wirksame Orte, die in die Einrichtung der Gesellschaft hineingezeichnet sind, sozusagen Gegenplatzierungen oder Widerlager, tatsächlich realisierte Utopien, in denen die wirklichen Plätze innerhalb der Kultur gleichzeitig repräsentiert, bestritten und gewendet sind, gewissermaßen Orte außerhalb aller Orte, wiewohl sie tatsächlich geortet werden können." (Foucault, Michel: Andere Räume. In: Barck, Karlheinz (Hrsg.) u. a.: Aisthesis. Wahrnehmung heute oder Perspektiven einer anderen Ästhetik. Essais. Leipzig 1998. S. 39.)

8 Bronfen, Elisabeth: Wunden der Verwunderung. In: Goetz, I. (Hrsg.): Diane Arbus – Nobuyoshi Araki – Nan Goldin. Kat. Ausst. Sammlung Goetz München. München 1997. S. 25. (Im Weiteren: Bronfen, 1997)

9 Bronfen, 1997. S. 25.

10 Ebd. S. 25.

dernen *shunga* Meisters fügt Jochen Siemens erweiternd hinzu, dass Araki dieser alten, aus dem Bürgertum stammenden Form des *shunga*[11] den direkten Blick hinzufügt. Er schlussfolgert, dass der Künstler ein soziokulturelles Portrait Japans entwirft.[12] Der gesellschaftliche Bezug wird insofern hergestellt, als dass die Fesseln auf der einen Seite für die einengenden Normen der japanischen Lebenswelt stehen und auf der anderen Seite aber das Exponieren der Genitalien als ein Akt der Wiedersetzung zu verstehen ist.[13]

Im Zuge des wissenschaftlichen Diskurses zu Obszönität, Obsession und Pornografie wird u. a. die Kontroversität obsessiven Zeigens diskutiert. Mit dieser Perspektive beschäftigt sich die Dissertation Burtschells, die Arakis Werk in eine lange Tradition der erotischen Kunst stellt und mit dem europäischen Surrealismus in Verbindung setzt.[14] Vor dem Hintergrund der *I-Photography* oder des *shi-shashin*[15], die Araki in den 80er Jahren maßgeblich mitbegründet hat, wird der Pornografie-Vorwurf mit dem Argument der Dokumentation von Sex entkräftet. Es wird darauf verwiesen, dass Araki dadurch Intimität und sexuelle Zwischenmenschlichkeit thematisiere.[16] *I-Photography* ist als autobiographischer Umgang mit Fotografien zu verstehen. Der Künstler begreift sich im Bild ohne selbst sichtbarer Teil desselben zu sein.[17] Es wird der dem dokumentarischen Stil verpflich-

---

11 Dreves, 2002. S. 115.

12 Siemens, Jochen: Wilder Bilder. In: Osterkorn, 2009. S. 6.; Hooton, Keiko S./Godfrey, T.: Contemporary Photography in Asia. München 2013. S. 9. (Im Weiteren: Hooton, 2013)

13 Miki, Akiko: The photographic life of Nobuyoshi Araki. In: Miki, A./Isshiki, Y. (Hrsg.): Nobuyoshi Araki. Self Life Death. Kat. Ausst. Barbican Art Gallery London. London, New York 2005. S. 15. (Im Weiteren: Miki, 2005); Ohlsen, Nils: Akt und Gesellschaft. In: Sommer, A./Ohlsen, N. (Hrsg.): Der Akt in der Kunst des 20. Jahrhunderts. Kat. Ausst. Kunsthalle Emden. Emden 2002. S. 147.

14 Burtschell, 2009. S. 107.

15 Shi-shashin ist ein von Araki geprägter Begriff, der Schnappschüsse meint, die obwohl sie das Privatleben zeigen, nicht so rezipiert werden. (Yuki, Madoka: Ich-Fotografie. Kommunikationsformen in Japan seit den 1990er Jahren. Berlin 2012. (Im Weiteren: Yuki, 2012))

16 Steiner, Juri: Und das ist alles, was wir wollen. Moderne Kunst und Pornografie. In: Karabelnik-Matta, M. (Hrsg.): Stripped Bare – Der entblößte Körper in der zeitgenössischen Kunst und Fotografie. Ostfildern-Ruit 2004. S. 208.

17 Meinhardt, Johannes: Das Leben als Fotoroman. Zu den Fotos von Nobuyoshi Araki. In: Schweizerischer Kunstverein (Hrsg.): Das Kunst-Bulletin. Nr. 4. Zürich 1997. S. 25.

teten Werkgruppe zum *shi-shashin* in der Forschung ebenfalls konstatiert, dass Araki in den Serien *Sentimental Journey/Winter Journey* auf der einen Seite subjektiv, auf der anderen Seite aber auch symbolisch vorgeht.[18] Mit dem Rekurs auf das Symbolische in Arakis Œuvre zeigt sich, dass sich gewisse Prinzipien durch seine Arbeit ziehen und daher als gehaltvoll für die Einzelbetrachtung verstanden werden können.

Was in der Forschung zum Künstler allerdings noch relativ unberührt scheint, ist das Übermalen seiner Arbeiten. Unter der Thematik der Zensur findet dies vereinzelt Erwähnung. Doch dazu, was diese Eingriffe darüber hinaus für das Bild selbst bedeuten, konnten keine Ausführungen in der vorliegenden Literatur gefunden werden. In dieser Arbeit sollen die Übermalungen einer eingehenden Betrachtung und Befragung innerhalb des zweiten Teils unterzogen werden. Während sich der erste Teil der Beschreibung und Auswahl der zu untersuchenden Darstellungsprinzipien widmen wird, dient der zweite der Analyse dieser Beobachtungen sowie der kunsthistorischen und -theoretischen Einbettung der *kinbaku*-Fotografien. Dabei werden bestimmte Aspekte der Arbeiten Arakis im Kontext der Malerei und Fotografie des vergangenen und gegenwärtigen Jahrhunderts betrachtet, wobei hierfür Werke verschiedener Künstler Eingang in die Untersuchung finden. Unberücksichtigt gelassen werden muss sowohl eine ausführliche Verortung des Schaffens Arakis innerhalb der japanischen Kunstgeschichte als auch der Einbezug seines gesamten fotografischen Wirkens, auch wenn in der Forschung wiederholt darauf hingewiesen wird, dass eine Isolierung einzelner Arbeiten aus dem Gesamtkomplex nur schwer zu vollziehen sei, da viele Bedeutungsstrukturen auf diesem Wege unentdeckt blieben.[19] Die Entscheidung fiel auf die Werkgruppe zum *kinbaku*, da sie viele formale als auch inhaltliche Aspekte seines gesamten Œuvres vereint.

---

18 Hotoon, 2013. S. 9.

19 Stearns, Robert: Photography and Beyond in Japan. Space, Time and Memory. Kat. Ausst. Hara Museum of Contemporary Art Tokyo, New York 1995. S. 89. (Im Weiteren: Stearns,1995)

Danksagung

Die vorliegende Arbeit stellt eine leicht abgewandelte Fassung meiner Masterarbeit dar, die ich am 15.09.2015 an der Friedrich-Schiller-Universität Jena eingereicht habe. Für Inspiration und Betreuung möchte ich Frau Prof. Verena Krieger und Frau Dr. Claudia Tittel danken. Für die Kraft und Möglichkeit zur freien Entfaltung möchte ich meiner Mutter Dank aussprechen. Außerdem bin ich für den freundschaftlichen Rückhalt, den mir vor allem Lukas, Jonas, Carlo, Janosch, Ole, Sebas, Ella, Jasmin, Elena, Caro, Arnette und Peter stets gegeben haben, zu tiefstem Dank verpflichtet. Besonderen Dank für das Korrektorat möchte ich dazu Ivette und Mika aussprechen.

2. Aspekte und Beobachtungen zu den Kinbaku-Fotografien

2.1 Tradition und Moderne

In Nobuyoshi Arakis Werk treffen klassisch gewickelte Kimonos auf nackte Betonwände oder es werden nach traditionellem ***kinbaku*** gefesselte Frauen neben Plastikspielzeug platziert. Außerdem verwandelt sich mit Bedacht zu setzende Kalligraphie-Tusche in einen farbigen Ausdruck von Impulsivität. Die These Fritschs, Araki bediene allein ein gefälliges Exotenbild[20] wird durch diese kontrastreichen Verbindungen bereits entkräftet. Zu stark bzw. zu irritierend ist die Verwendung der unterschiedlichen Bildmittel. Sie zitieren eindeutig traditionelle Erscheinungen der japanischen Kultur, die ihrerseits wiederum in Zwei- oder Mehrdeutigkeiten aufgehen. So werden der Kimono, das Kinbaku und die Kalligraphie als feste Instanzen Arakis Bilderwelt von einer alten, ihnen immanenten Zweiseitigkeit bestimmt, welche in diesem Kapitel in den für die Arbeit relevanten Punkten skizziert wird. Doch genügt nicht das Abbilden mehrschichtiger Elemente, um die Unentschlossenheit des Betrachters dem Sujet und seiner Bedeutung gegenüber zu erzeugen. Besonders dann nicht, wenn den drei Phänomenen ein verbindender Aspekt zugrunde liegt: die Erotik. So könnte geschlussfolgert werden, dass es Araki in der Verbindung der drei traditionellen japanischen Elemente um die Erzeugung eindeutig erotischer Motive geht. Gefördert wird diese Erkenntnis durch den Fakt, dass es in Japan das alte Holzschnitt-Genre *(shunga)* gibt, das explizite Liebesszenen zeigt. Dabei spielt beispielsweise die detailverliebte Gestaltung des Kimonos eine lustvolle und genrebildende Rolle. Damit wäre der Einklang perfekt, würde der provokativen Nacktheit nicht der direkte Blick der Modelle Arakis gegenüberstehen. Dies ist kein klassisches Gestal-

20 Fritsch, 2011. S. 63.

tungsmittel der *shunga*-Blätter und steht auch den alten Zielen dieses Genres, Freier zu werben, entgegen, da sich der ruhige Blick dem Versprechen der lustvollen Anregung widersprüchlich gegenüber verhält. Es handelt sich bei Araki also nicht um ein bloßes fotografisches oder modernisiertes Zitieren dieser alten Gattung. Die Bedeutung des *shunga* und damit einhergehend auch die der Nacktheit muss daher im folgenden näher umrissen werden, um den Grad der Adaption und Erweiterung, den Araki leistet, besser nachvollziehen zu können. Denn dass sich der Künstler auf die alten Frühlingsbilder, wie *shunga* auch genannt werden[21], bezieht, soll nicht ausgeschlossen werden. Hinzu kommt die Auseinandersetzung mit der Übertragung des Genres in ein anderes Medium, das Medium der Fotografie und den damit einhergehenden Erweiterungen für das Sujet. In der Verbindung von traditionellen Gegenständen und Techniken, Begriffen von Nacktheit und Erotik und den vielfältigen Darstellungsmodi der Fotografie wird eine reich verzweigte, verschiedene Ebenen durchziehende Ambiguität der Bilder Arakis angenommen, die zum einen den Zustand einer Gesellschaft in ihrem Umgang mit Bildern und vermeintlicher Erotik spiegelt und zum anderen innerhalb der Kunst grundsätzliche Fragen nach den alten Gattungsbegriffen stellt.

Shunga und Kimono

Die Werkgruppe Nobuyoshi Arakis, die das *kinbaku* in ihrem Zentrum hat, zeigt ausschließlich junge Japanerinnen im Kimono oder teilweise von diesem entledigt. Häufig sind die Frauen sogar nackt inszeniert. Dabei tragen sie oft traditionelle Frisuren mit Kanzashi-Nadeln oder befinden sich in Begleitung von Figuren, die den japanischen *shunga*-Holzschnitten entstammen. Daneben sind auch Fesselkunst und Kalligraphie oft Bestandteil des Narrativs dieser Blätter. All diese Elemente weisen Momente erotischer Kraft auf. Die Bedeutung des Kimonos für dieses Genre ist besonders hervorzuheben, da er die sich einander hingebenden Paare in jedem Frühlingsbild kunstvoll umgibt (Abb. 1). Zu erklären ist dies mit der Stellung des Kimonos in der Geschichte. Elegante Kleidung gilt seit der Heian-Zeit (794–1185/1192) als Ausdruck der Wohlhabenheit und des guten Geschmacks. In Liedern am Hofe wurde stets der Zusammenstellung des Kimonos, was Farben und Muster anbelangte, mehr Aufmerksamkeit geschenkt als der Beschreibung der individuel-

21 Fritsch, 2011. S. 133.

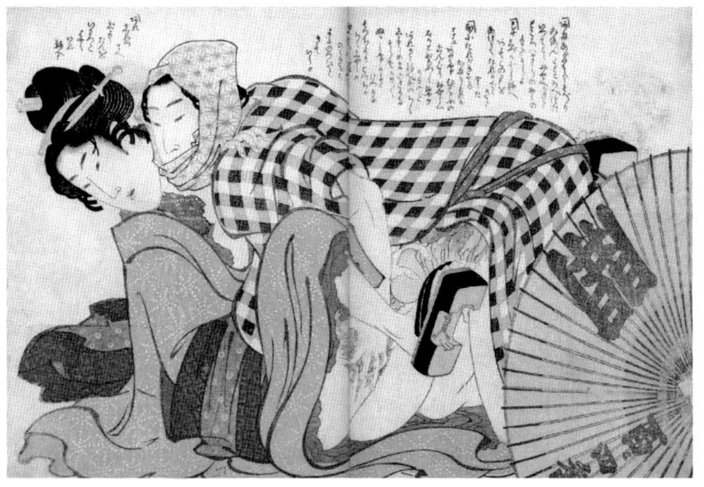

Abb. 1
Hokusai Katsushika, Detail des *Ehon Azuma nishiki,* um 1810, Holzschnitt, Orihon-Buchform

len Physiognomie eines Menschen.[22] So ist es nicht verwunderlich, dass sich im Kimono auch ein sinnlich ausgerichtetes Interesse niederschlägt. Dem Aktbild im Westen vergleichbar, hält das traditionelle Kleidungsstück Aspekte der Erotik bereit.[23] Dies äußert sich besonders in den *shunga*-Holzschnitten, die das Leben in den Vergnügungsvierteln illustrieren und deren Ideal des weiblichen Modells die gebildete und vornehme Geisha war.[24] Die Blätter schildern explizit sexuelle Szenen in Badehäusern oder Bordellen, bei denen die männlichen wie weiblichen Protagonisten einfallsreich durch Kimonos ver- und enthüllt werden. Fließende Linien des Stoffes umzirkeln die sich im Liebesakt Vereinigenden, deren primäre und sekundäre Geschlechtsteile meist vergrößert und sehr detailliert dargestellt sind. Das Motiv des *shunga* hat sich in der Edo-Zeit (1603–1868) herausgebildet und vereint das oben geschilderte höfische Schönheitsideal des geschmackvollen Bedeckt-Seins mit Inhalten einfacher Volkslieder, die Lobgesänge auf die freimütige sexuelle Anziehungskraft bereit hielten.[25]

Die erotische Konnotation des Kimono ist damit ziemlich eindeutig. Dadurch, dass sie vor allem das Ver- und Enthüllen

---

22 Dreves, 2002. S. 116.

23 Fritsch, 2011. S. 133.

24 Delank, 2008. S. 259.

25 Dreves, 2002. S. 116.

des nackten Körpers meint, wird das Kleidungsstück dem westlichen Begriff vom Akt vergleichbar.[26] Hierbei wird vornehmlich auf den gemalten Akt abgezielt, der im Zeigen nackter Haut vermeintlich auch einen Einblick in die persönliche Sphäre der Sexualität des Modells verspricht, doch eigentlich durch die Konzentration auf die Ausführung und Gestaltung von Inkarnat und Anatomie zu einem Zeichen für Weiblichkeit wird.[27] Das zeichnet die Ambivalenz vor allem bei der Rezeption einer Aktmalerei aus: intime Konkretion und allgemeine Abstraktion. Damit schwingt bereits im malerischen Exponieren eines nackten Leibes etwas gleichermaßen Ver- und Enthüllendes mit. Im 19. Jahrhundert verliert dann der Akt seine dem künstlerischen Schöpfungsgedanken zugrunde liegende Unschuld und wird nackt. In diese Zeit fällt auch die Öffnung Japans zum Westen und so gelangt dieser Begriff des Akts in das Land. Die japanische Kunst erhielt durch den großen Pariser Skandal um Manets „Olympia“ eine Idee von einer Aktdarstellung.[28] Damit zog die Thematisierung des virilen Blicks auf den weiblichen Körper in die fernöstliche Kultur ein, was vermutlich auch in Verbindung mit dem Verbot der öffentlichen Nacktheit von 1868 zu sehen ist. Die *shunga*-Blätter wurden zunehmend als obszön empfunden, sodass es 1910 zum Verbot von deren Herstellung und Handel kam.[29] Somit wurden die in Kimono Gekleideten zu banalen, weil geschmacklosen Nackten. Bei Araki erfährt dies nun eine weitere Zuspitzung, indem er ausschließlich Frauen fotografiert, was im engeren Sinne keinem *shunga* mehr sondern eher einem *bijin-e* (Abb. 2) entspräche. Diese Holzschnitte sind ausgeführt in der Manier eines Bildnisses und bilden entindividualisierte junge, schöne Japaner oder Japanerinnen ab. Die Brust- oder Schulterstücke werden innerhalb einer 12-seitigen *shunga*-Bindung platziert.[30] Indem Araki aber gattungsübergreifende Gestaltungsprinzipien dieser beiden alt-japani-

---

26 Fritsch, 2011. S. 135.

27 Bronfen, Elisabeth: Nackte Berührung – Disfiguration und Anerkennung im weiblichen Akt. In: Schulze, S. (Hrsg.): Nackt! Frauenansichten. Malerabsichten. Aufbruch zur Moderne. Kat. Ausst. Städelsches Kunstinstitut Frankfurt am Main. Ostfildern-Ruit 2003. S. 257.

28 Vgl. Fritsch, 2011. S. 136.

29 1868 wurde ein Verbot zum zweigeschlechtlichen öffentlichen Baden erlassen. Bis 1986 war das Zeigen von Schamhaaren in Bildern oder Ausstellungen untersagt. (Delank, 2008. S. 262.)

30 Dreves, 2002. S. 114; 119.

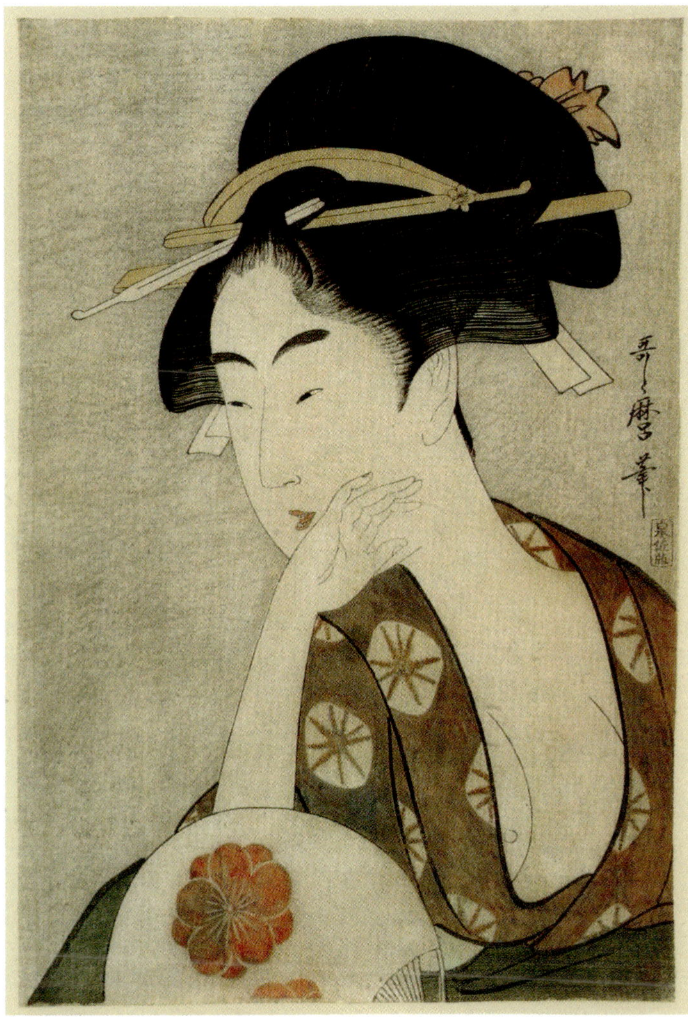

Abb. 2
Kitagawa Utamaro, *Jeune femme tenant un évantail,* um 1796, Holzschnitt, Reproduces by permission, © Baur Foundation, Geneva

schen Genres, wie beispielsweise das des symbolischen Voyeurs *Maneemon*[31] im Bild oder das *kinbaku*, mit denen der einzelnen und als Kurtisane inszenierten Frau verknüpft, erfahren sie eine Bedeutungserweiterung.

31 Die Figur des Maneemon wohnt innerhalb der *shunga* als kleines humoristisches Männchen unbemerkt den intimen Begegnungen bei. (Burtschell, 2009. S. 129.)

Eine schuldhafte Erotisierung des nackten Körpers war also bis 1868 fremd. Von da an mussten japanische Künstler subtile Wege finden, einen Akt zu inszenieren. In der Fotografie war es erst die Arbeit Kozo Nojimas, die in den 1930er Jahren das seit des Verbots gezeigte nackte Exotenbild ablöste, um mittels des Akts ein natürliches Kunst- und Schönheitsideal zu prägen. Eine höhere Freizügigkeit nach dem Zweiten Weltkrieg erlaubte es einem konkreten erotischen Stil sich in der Aktfotografie zu etablieren, der viel mit sinnfälligen Attributen wie Blumen und Muscheln arbeitete.[32] Ab den 1970er Jahren kamen erotische Fotogeschichten auf, die sich direkt auf die *ukiyo-e*-Blätter beziehen. Auch hier musste aufgrund eines möglicherweise schnell zu erhebenden Pornografievorwurfs mit Symbolen gearbeitet werden. Aus einer dokumentarischen Schule kommend, sorgte Araki dann mit seiner Bilderreihe zu seinem Eheleben mit Yoko und vor allem mit den Fesselbildern, mit denen er 1983 begann,[33] für einen realistischen Stil in diesem Bereich der Fotografie. Dabei arbeitete er gleichermaßen mit gestellten und wirklichen Momenten. So posiert einerseits Yoko vor dem heimischen Ehebett, andererseits blicken die gefesselten Modelle natürlich und sogar ausdruckslos in die Kamera. Araki sprengt teilweise bis heute durch dieses unmittelbare Nebeneinander von Wirklichkeit und Artifizialität mit seiner Formensprache die Grenzen der gesetzlichen Vorgaben.

Sein Umgang mit seinen Fotografien deckt dabei fundamentale Aspekte des Mediums ab: seine einfache und schnelle Reproduzierbarkeit und seinen Originalitätsanspruch. Die Fotografien Arakis sind entweder Hochglanzproduktionen, die für Ausstellungen teilweise großformatig oder in aufwendigen Katalogen und Sondereditionen reproduziert werden, oder der Künstler geht in den nächsten Copy-Shop und vervielfältigt seine Arbeiten als einfache Xerox-Kopien und pinnt sie an eine Galeriewand.[34] Beide Varianten spiegeln den Status von Fotografie in der Gegenwart: Einmal gilt sie sowohl für Magazine und Modelle als auch für Galeristen als ein wertvolles Original und als Teil der Pop- und Hochkultur. Ein anderes Mal wird sie

32 Spielmann, Heinz: Die japanische Photographie. Geschichte – Themen – Strukturen. Köln 1984. S. 163.

33 Ebd. S. 181 f.

34 Boecker, Susanne: Zeitgenössische japanische Fotografie. In: Bianchi, Paolo (Hrsg.) Kunstforum international. Nr. 168. Köln 2004. S. 198. (Im Weiteren: Boecker, 2004)

durch ein stumpfes Blatt Papier vertreten, das auf die Allgegenwärtigkeit der maximal als Illustration funktionierenden Bilder hindeutet, die verschwenderisch produziert, konsumiert und hingenommen werden. Auch wenn es in dieser Arbeit nicht um die Verhandlung vom Status und Umgang mit Fotografien gehen soll, so sind diese beiden Aspekte, die für eine Offenheit Arakis seinem Künstlerstatus gegenüber stehen, vergleichbar mit seiner Mischung widersprüchlich erscheinender Bildmittel aus Symbolismus und Realismus. Es handelt sich beim Kimono, der Kalligraphie und dem *kinbaku* um die drei Pfeiler der alten Kultur Japans und sie funktionieren in ihrer Lesbarkeit wie Symbole dieses Landes. Der Künstler greift diese symbolträchtigen Elemente auf und verbindet sie mit freizügigen, oft auch provokant – schroffen und vor allem nicht posierenden Modellen.

Kinbaku und Kalligraphie

Die alten Bestandteile der japanischen Kultur sind Kimonos, die Kalligraphie und die Fesselkunst. In der heutigen Welt ist letztere vor allem als Japan-Bondage, eine spezielle Möglichkeit des lustvollen und sexualisierten Fesselns aus dem Milieu des SM- und Bondage-Fetischs, bekannt. Ihren Ursprung hat sie jedoch in einer alten Form des *hoj jutsu*, welches aus dem Militärwesen stammt.[35] Es haben sich verschiedene *shibari*-Techniken daraus entwickelt. In viele Untergruppen unterteilt, sollen manche bewegungsunfähig machen, andere darüber hinaus die Schönheit des weiblichen Körpers unterstreichen. Es sind also auch Techniken entstanden, die durchaus erotischen Zielen folgen. Zu diesen zählt unter anderem das *kinbaku*. Während *shibari* der Wortbedeutung nach einfach für das feste Verschnüren steht, entspricht *kinbaku-bi* genauer der Schönheit des Körpers durch traditionelles Fesseln.[36]

Die verschiedenen Arten der Fesselkunst haben jedoch nicht nur eine Bedeutung für die Immobilisierung oder das Verschönern, sondern enthalten ebenso ein spirituell-philosophisches Moment. Sie sind Teil des Zen- oder auch Meditations- Buddhismus.[37] Dieser Strömung des aus China stammenden Buddhismus geht es um die Beeinflussung des menschlichen Bewusstseins. Der Meditierende soll die „wahre Natur“ der Wirklichkeit

---

35 Grimme, Matthias: Japan Bondage: Bondage Handbuch spezial. Hamburg 2011. S. 15.

36 Ebd. S. 252 f.

37 Ebd. S. 25.

erfassen bzw. mit einem Teil seines Selbst in Verbindung treten und dabei das Wesen des menschlichen Lebens direkt erfahren. Zen vermittelt, wie man sinnlich und sinnvoll lebt.[38] Eins seiner Ziele ist es, die Vergänglichkeit des Augenblicks zu erkennen und anzunehmen.[39] Dies äußert sich u. A. auch innerhalb der sieben Eigenschaften, die für ein Zen-Kunstwerk wichtig sind: 1. Asymmetrie, 2. Schlichtheit, 3. schmucklose Erhabenheit, 4. Natürlichkeit und Selbstverständlichkeit, 5. abgründige Tiefe, 6. Losgelöstheit und Unweltlichkeit und schlussendlich 7. Stille, Ruhe und Ausgeglichenheit.[40]

So ist das Fesseln von maßgeblich zwei unterschiedlichen Motivationen bestimmt: Dem Meditieren und dem Erotiesieren. Ersteres soll für den/die Meditierende(n) Ruhe nach sich ziehen, während zweiteres den Fesselnden bzw. den Betrachter sowie die/den Gefesselte(n) in eine physisch wie psychisch anregende Situation versetzt. Es soll damit nicht gesagt werden, dass sich diese Praktiken allein in dieser Dichotomie erschöpfen. Doch vor dem Hintergrund von Arakis Äußerungen zu den Fesselungen in seinen Fotografien, muss die hier angedachte Akzentuierung für die Besprechung des Themas genügen. Araki, der das *kinbaku* selbst an seinen Modellen durchführt, spricht davon, dass das Einschnüren wie Malen auf einer Leinwand zu verstehen sei[41] und es ihm gewissermaßen auch um die psychischen Bezüge geht. Die Seele der Gefesselten könne er sowieso nicht festhalten[42], aber er könne die physiologische und psychologische Verwandlung einfangen.[43]

Die Kalligraphie wird durch ihren impulsiv ausgeführten Pinselstrich als ein Einblick in die Persönlichkeit des Ausführenden verstanden. Während die Zeichen und die Abfolge ihrer einzelnen Linien fest vorgegeben sind, gibt einzig die Akzentuierung, die einer Interpretation folgt, Raum für eine individuelle Hand-

---

38 von Brück, Michael: Zen. Geschichte und Praxis. München 2004. S. 8. (Im Weiteren: von Brück, 2004)

39 Ebd. S. 78.

40 Brinker, Helmut: Zen in der Kunst des Malens. Bern, München, Wien 1991. S. 29.

41 Koch, Roberto: Große Fotografen. München 2013. S. 12. (Im Weiteren: Koch, 2013)

42 Förster, Jochen: Kinbaku – die Kunst des Fesselns: Eine Nacht mit Nobuyoshi Araki, dem Fotografen des zügellosen Japan. Online: http://www.welt.de/print-welt/article395826/Kinbaku.html (2002). (letzter Zugriff: 11.07.2015)

43 Koch, 2013. S. 12

schrift.[44] Auch hier liegt erst in der Begrenzung die Möglichkeit zur Entfaltung. Zudem ist sie durch ihre Impulsivität eine Kunst des Momentanen und Expression von Schönheit, wobei sie auf der anderen Seite auch für Dauerhaftes steht, indem nämlich innerhalb der Zen-Philosophie die Mönche ihren Schülern die Lehren für das Leben in getuschter Form mitgeben.[45]

Momentanes und Dauerhaftes stehen wie beim Fesseln für die augenblickliche Schönheit und Lust sowie für die anhaltende Veränderung durch den meditativen Effekt. In Arakis Arbeit wird die Kalligraphie immer wieder thematisiert. Entweder er inszeniert kleine Stillleben aus den benötigten Utensilien oder er tuscht mit schwarzer Tinte auf die Haut seiner Modelle bzw. auf die Oberfläche der Fotografien. Etwas entrückt vom Kalligraphiebegriff verhalten sich seine Übermalungen, da sie farbig sind. Doch sind sie erst einmal gesetzt, verändern sie die Fotografie und ihr Sujet, insbesondere auch dann, wenn es zum Druck kommt. In seinem Schaffen kommen außerdem die Aspekte des Erotisch-Sinnlichen und Morbiden, welche der Kalligraphie ebenfalls zugeschrieben werden[46], zum Ausdruck. Wie dies geschieht, soll unter anderem in den folgenden Analysekapiteln beschrieben und befragt werden.

Es hat sich während der Schilderung dieser drei Elemente der japanischen Kultur eine Doppeldeutigkeit herausgestellt, die wesentlich von Widersprüchlichkeit bestimmt wird. Entweder geht es um höchste Lust (intellektuell-ästhetischer oder körperlich-sexueller Natur), welche nach außen getragen wird oder um tiefste Ruhe, die sich mit dem Selbst auseinandersetzt. In Arakis Arbeit zu seinen *kinbaku*-Fotografien gibt sich die alte Dialektik vor dem Hintergrund des modernen Japan und seinem Verhältnis zu Tradition und westlicher Aufgeschlossenheit als ein ambivalent gewordenes Gefüge zu verstehen. Besonders in seiner Verknüpfung der verschiedenen Motive mit ihren polarisierenden Teilaspekten spitzt der Fotograf diese Proportionalität der Unentscheidbarkeit zu. In der bildlichen Auseinandersetzung mit diesem Thema der Umdeutung des traditionellen Umgangs mit Erotik in der Moder-

---

44 von Brück, 2004. S. 76.

45 Matzner, Alexandra: Malerei und Kalligraphie in Japan. Japan – Fragilität des Daseins. Online: http://www.textezukunst.com/index.php?page=malerei-und-kalligraphie-in-japan. (letzter Zugriff: 12.07.2015.)

46 Görner, Veit: Hajime. In: Görner, V./Moll, F. T. (Hrsg.): Nobuyoshi Araki. Araki meets Hokusai. Band I. Kat. Ausst. Kestner Gesellschaft Hannover. Hannover 2008. S. 9.

ne wird dies naturgemäß um weitere Strukturen wie beispielsweise die Kunst als Medium dieser Inhalte erweitert. Damit bleibt Araki einem sehr alten und bekannten Medium – dem Bild – zur Vermittlung verhaftet. Doch dadurch, dass er die verschiedenen Motive untereinander und mit der Medialität der Fotografie, also dem bildgebenden Instrument der Moderne, verquickt, transformiert er die traditionellen Zeichen in gegenwärtige Anzeichen für den Widerspruch eines öffentlichen Unbehagens. Damit entstehen Bildwerke, die an die alten *shunga* erinnern. Araki setzt sich immer wieder selbst mit dieser Gattung in Verbindung[47] und wird daher zu einer Art „modernen *shunga[-]*Meisters“[48].

Vor dem Hintergrund, dass es bei Araki auch zur Thematisierung der Form des Aktbildnisses und damit einhergehend zu einer ironischen Bearbeitung des männlichen Blicks kommt, erweitert sich das Bedeutungsspektrum vor allem für den Betrachter erneut. Auch die Verquickung von erotischem Genrebild mit der Formensprache des Portraits sowie des Akts erhöht die Verunklärung darüber, wie eine solche Fotografie zu rezipieren sei. All diese verschiedenen Elemente und Ebenen bilden ein ambiges Gefüge, welches schwerlich entscheiden lässt, was präzise eine Fotografie Arakis zeigt. Doch dafür fängt sie umso genauer ein, dass es diese inneren Strukturen einer Uneindeutigkeit gibt. Diese Ambiguität, die im Übrigen dem Œuvre Arakis häufig attestiert wird, entsteht eben durch die dargelegte Vermengung von Symbolen, Gestaltungsprinzipien und den Übertrag vom handgemachten zum apparativ hergestellten Bild, der Fotografie. Im Folgenden soll nun eine Benennung und Beschreibung der zu beobachtenden, Ambiguität erzeugenden Darstellungsprinzipien erfolgen, die in der Zusammenführung die Mehrschichtigkeit greifbarer machen werden.

2.2 Inszenierung und Unpose

Für die grundlegende Beschreibung der herausgestellten Phänomene werden zunächst drei Werke aus den verschiedenen *kinbaku*-Serien herangezogen. Araki arbeitet seit 1983 zu diesem

---

47 Brehm, Margit: Die Melancholie des Körpers in der Stadt. Nobuyoshi Araki und Aya Takano. In: Husslein-Arco, Agnes (Hrsg.): Die sinnliche Linie. Klimt, Schmalix, Araki, Takano und der japanische Holzschnitt. Kat. Ausst. Museum der Moderne Salzburg. Weitra 2004. S. 132. (Im Weiteren: Brehm, 2004)

48 Burtschell, 2009. S. 128.

Thema und entwickelt immer wieder neue Sujets. Eine quantitative Begrenzung ist aufgrund des hohen Outputs Arakis unerlässlich. Im zweiten Abschnitt dieser Arbeit werden dann zur Betrachtung und Analyse weitere Werke hinzugezogen, um eine größtmögliche Differenzierung der Phänomene und ihrer Wirkung herausstellen zu können.

Im gesamten *kinbaku*-Œuvre lassen sich für diese Arbeit drei Typen ausmachen. Zwei dieser Typen ergeben sich aus der Unterscheidung von bekleideten und (teilweise) entkleideten Modellen. Zum dritten Typus zählen die von einer nachträglichen Übermalung gekennzeichneten Fotografien. Dazu muss allerdings eingeräumt werden, dass sich letzteres auch in einer anderen Werkgruppe Arakis wiederfindet. Seine Blumen- und Aktfotografien weisen ebenfalls häufig die impulsiv ausgeführten Pinselstriche auf. Die Blumenstillleben bilden dabei das verbindende Element, da sie besonders oft durch Übermalungen mit den *kinbaku*-Bildern in einen Kontext gestellt werden können bzw. mit diesen zu einem neuen Werk verschmelzen, indem die Übermalung zwei Fotografien miteinander verbindet. Bei diesem aus zwei Fotos bestehenden Bildtyp handelt es sich in der Regel um Schwarz-Weiß-Fotografien. Sowie der Fotografie bereits als Medium die Eigenheit des Fragmentierens zugrunde liegt, sind auch die Übermalungen über das verbindende Element hinaus als Schwärzung oder Auslöschung von Bildbestandteilen zu betrachten. Bildgegenstände selbst werden außerdem regelmäßig vom Rand angeschnitten, wobei es auch zu einer Fragmentierung des weiblichen Körpers kommt.

Den Fotografien ist, zum großen Teil der Fesselung und der Kostümierung geschuldet, stets ein hoher Grad an Inszenierung abzulesen. Vor diesem Hintergrund sind die regelmäßigen, vermeintlichen fotografischen Fehler wie Überbelichtungen und Verwackelungen irritierend. Es kann jedoch davon ausgegangen werden, dass der Künstler um das Potential dieser Fehler weiß und diese gezielt einsetzt, da sie in vielen Katalogveröffentlichungen und Ausstellungen zu sehen sind. Zwei weitere Kriterien, die eine Unterstreichung der Inszenierung bewirken, sind die Arrangements von Blumen und Früchten, von Spielzeugfiguren wie Plastikdinosauriern oder Insekten sowie der direkte Blick in die Kamera. In Nobuyoshi Arakis Serien zur *kinbaku*-Fesselkunst gibt es selten Bilder, aus denen die Modelle die Augen nicht direkt auf das Kameraobjektiv und somit schlussendlich auf den Betrachter richten. In der Beschreibung, welche Differenzierungsmöglichkeiten Araki innerhalb dieses Typus‘ eingeht, wird die Fokussierung des Gesichtes generell mit berücksichtigt werden, da diese unmittelbar für eine Betonung des Blicks aus dem Foto heraus sorgt. Aus diesem Überblick ergeben sich fünf Beobachtungen, die im Folgenden unter den zunächst allgemein gehaltenen Begriffen Blick, Fragment, Fehler, Übermalung und Stillleben näher beschrieben werden sollen.

Blick

Im ersten Werkbeispiel[49] (Abb. 3) blickt mittig platziert und von Pflanzen umringt eine junge Japanerin den Betrachter an. Der Gesichtsausdruck mit den wachen Augen und geschlossenen Lippen ist ruhig und entspannt. Lider und Mund sind leicht akzentuiert geschminkt. Der Blick führt aus dem Bild heraus. Es entsteht eine Spannung, die sich durch die Torsion und die Zuwendung des Kopfes zum Objektiv ausbildet. Diese Körperhaltung sorgt für eine leichte Verunklärung des Blicks. Dieser ist nicht klar zu bestimmen und scheint ein Feld zwischen ruhig und fokussierend-fragend zu eröffnen. Der Betrachter sieht sich einem Moment der Zwischentöne gegenüber.

Durch die Ruhe des fest umschnürten Körpers, der keine Gestikulation zulässt, manifestiert sich ein von Stille dominierter Eindruck, der die Assoziation mit einem kontemplativen Moment erlaubt. Irritierend im Rahmen dieser Überlegung ist jedoch gerade der direkte Blick, der, geht man von klassischen Darstellungsmodi aus, eher für eine aktive Präsenz steht.

Durch verschiedene weitere Bildmittel wird die Aufmerksamkeit des Betrachters auf den Kopf des Modells gelenkt. Der Fokus auf das Gesicht sieht sich in der Sogwirkung, die ohnehin bereits vom Augenpaar ausgeht, noch vergrößert. Zum einen folgt die Platzierung der Sinnesorgane einer strengen geometrischen Komposition. Der Kopf wird nämlich in einem Dreiviertelprofil gezeigt und ist leicht geneigt, sodass das linke Auge und der Mund direkt auf der senkrechten Bildmittelachse und dabei leicht über dem Zentrum des Bildes liegen. Zum Anderen rückt das gewählte Farbarrangement der Fotografie das Gesicht, das sich durch seinen hellen Hautton klar von dem dunklen Hintergrund und dem kräftigen Rot des Kimonos abhebt, in den Fokus der Aufmerksamkeit. Betont wird dies durch die Wahl des Lichtes und des Brennpunktes. Das Gesicht ist sanft ausgeleuchtet. Nichts

49 Dadurch, dass den wenigsten von Arakis Bildern ein Titel zugewiesen wurde, werden die herangezogenen Bildbeispiele durchnummeriert. Sie folgen der Reihenfolge ihrer Nennung. Um sie weiterhin von den anderen Abbildungen abzugrenzen, werden sie kursiv gesetzt.

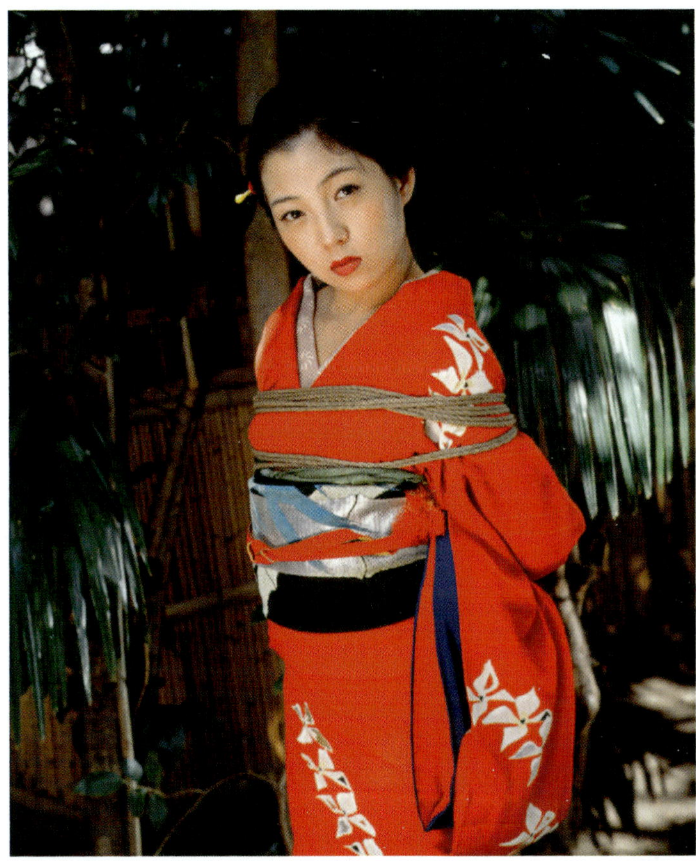

Abb. 3
Nobuyoshi Araki, *o. T.*, *o. J.*, Fotografie, © Nobuyoshi Araki

wird verschleiert oder durch Schatten verdeckt. Kein manieriertes Mimikspiel ist zu erkennen. Der Betrachter kann sich in den Ruhe ausstrahlenden und individuellen Gesichtszügen verlieren, was besonders durch die Unschärfe und die dunkleren Töne im Hintergrund gefördert wird. Hinzu kommt die Entscheidung, das Modell als Kniestück aufzunehmen. All diese Punkte sprechen für einen portraitierenden Charakter des Bildes.

Die zweite Fotografie (Abb. 4) weist neben dem wiederholten Blick in die Kamera weitere Gestaltungsmittel auf, die das Gesicht trotz des hier zu sehenden Ganzkörperaktes besonders akzentuieren. Die Betonung des Gesichtes funktioniert über fünf wesentliche Gestaltungsmittel im Bild. Das Licht richtet sich von zwei Seiten kommend auf den Körper. Das Antlitz ist dadurch und möglicherweise durch einen gesonderten Spot besonders hell ausgeleuchtet. Dies sorgt dafür, dass die Gesichtszüge scharf

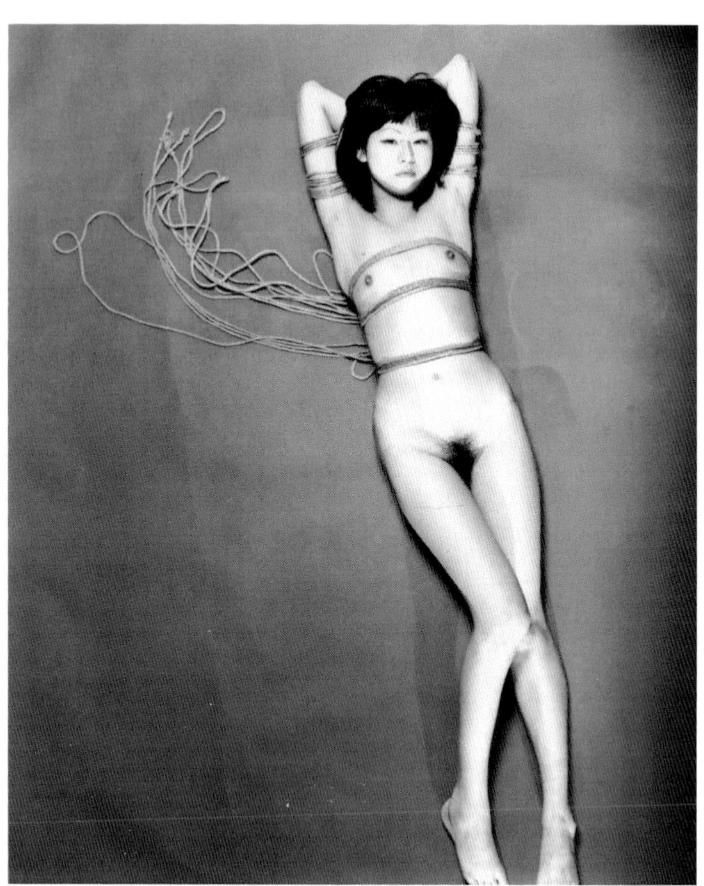

Abb. 4
Nobuyoshi Araki, *o. T.*, o. *J.*, Fotografie, © Nobuyoshi Araki

und in harten Kontrasten wiedergegeben werden. Die Gesichtshaut ist strahlend weiß, während die Haut des Körpers weich gezeichnet, hellgrau erscheint. Zudem bildet das weiß ausgeleuchtete Gesicht gepaart mit dem schwarzen Haar, das es umgibt, den stärkst möglichen Tonwertkontrast. Ein weiterer Punkt ist das Arrangement der Körperteile. Vom Kopf her abwärts verlaufen sie in fließenden Formen. Nur durch die Verschränkung der Arme hinter dem Kopf kommt ein spitzwinkliges Gefüge ins Bild. Die Zehen, die das hätten wiederholen können, sind jedoch vom Bildrand abgeschnitten worden. Auch das Geflecht auf dem Boden führt in seinem Schwung eine Blickbewegung vom Körper weg hin zum Gesicht durch. Schlussendlich kommt als fünfte Instanz wiederholt die Brennweite ins Spiel. Die Einstellung des Objektivs ist wie im Bild zuvor so gewählt, dass die

Tiefenschärfe genau bis zur Nackten reicht. Die Seile auf dem Boden liegen bereits hinter dem Brennpunkt.

Zwei weitere, den Blick betreffende Aspekte sind für dieses Bild maßgeblich. Der eine geht von dem glatt-monotonen Untergrund und den *kinbaku*-Seilen, verstanden als Linien zur Gestaltung einer „Leinwand", aus. Gepaart mit den harmonischen Tonwerten und Kontrasten wird es möglich, den Körper als ein Arrangement von Formen zu erfassen. Die Augen sind bloße Akzente in einem Reigen von Tönen und Formen. Der zweite Punkt verhält sich antithetisch zum „Leinwand"- bzw. Flächigkeits-Gedanken. Antithetisch insofern als er den Raum des Fotografen mit einbezieht. Der Blick von oben und aus genügend Entfernung, um den gesamten Körper aufzunehmen, wirkt distanziert und doch gelangt über das Hinausreichen der Zehen ein Moment der Nähe ins Bild. Der Bereich des Fotografen wird durch den Anschnitt kommuniziert. In Verbindung mit dem Blickkontakt ist die Vergegenwärtigung einer eigentlich raumgreifenden Situation erkennbar.

Das dritte Hochformat (Abb. 5) zeigt in seinem Zentrum eine junge Japanerin, die mit einem Kimono bekleidet und an einen Pfosten gefesselt ist. Sie blickt verschmitzt in die Kamera, während ihre Schenkel gespreizt sind und der aufgeschlagene Kimono den Blick auf das Geschlecht frei geben würde, wäre diese Stelle der Fotografie nicht mit schwarzer Farbe übermalt worden.

Dieser Eindruck des Verschmitzten entsteht durch die Neigung des Kopfes nach rechts und die leicht geschürzten Lippen. Zudem befinden sich Geschlecht und Gesicht, trotz Neigung auf der selben Bildsenkrechten. Dies zusammen mit dem direkten Blick verleiht dem Werk eine bis hierhin noch nicht verhandelte Sphäre von eindeutiger Sexualisierung. Betont wird dies zudem durch die stark geschminkten Lippen und die schwarzen schulterlangen Haare, die offen und strähnig ins Gesicht fallen. Die Haut ist hell und glatt, sodass die Lippenfarbe und die Strähnen für tonale und strukturelle Kontraste im Gesicht sorgen, jedoch gemeinsam mit der Unschärfe zu einer Entindividualisierung der Dargestellten führen.

Fragment

Das *kinbaku* kann bereits für sich selbst als ein zergliederndes und fragmentierendes Element betrachtet werden. Unter dem Eindruck von *Abbildung 3* erfahren die Körperpartien durch die Stricke eine Betonung. Hier entsteht durch die Zusammenschnürung der Arme auf dem Rücken, was die Seile in zwei

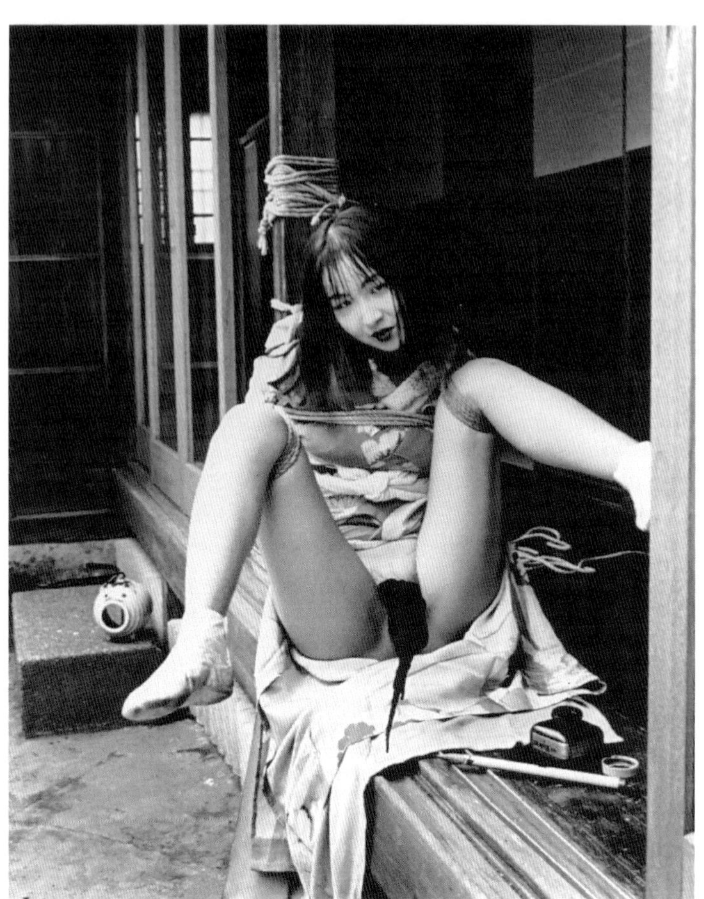

Abb. 5
Nobuyoshi Araki, *o. T. (aus der Serie* „Tokyo Novelle“), 1995, Fotografie, Farbauftrag, © Nobuyoshi Araki

Bahnen quer über den Oberkörper verlaufen lässt, eine Hervorhebung der Brust. Diese zeichnet sich durch die leichte Torsion in Verbindung mit der Konturierung der Seile ab.

Abbildung 4 zeigt wie der Oberkörper und die Arme von einem dünnen Naturfaserseil umwickelt wurden. Der Torso erfährt dadurch in zwei Bereichen eine Unterteilung. Die untere erstreckt sich von oberhalb des Bauchnabels bis hin zum unteren Ansatz der Brüste. Die zweite endet mit dem Beginn des Dekolletés. Auch die Oberarme sind von Seilen eingefasst. Insoweit liegt hier eine vergleichbare Fragmentierung wie im ersten Bild vor.

Spannungsreicher verhalten sich in dieser Fotografie die wieder entfernten Stricke. Die ebenmäßige Haut am linken Ober- und Unterschenkel nämlich lässt Spuren einer vorangegangenen Verknotung erkennen. Dies verweist auf ein Vorher der zu sehenden Fotografie und kommuniziert damit sichtbar den durchgeführten Einschnitt in Zeit und Raum. Ein weiterer Aspekt zum durch das Medium erschaffenen Fragment ist die Form des, wenn auch marginal erscheinenden, Anschnitts des Bildgegenstandes. Der Künstler schneidet am unteren Rand die Zehen der Frau an. Das Medium ist damit ebenso thematisiert wie die Bedeutung des Fragmentierens für den nackten Körper in der Kunstgeschichte. Der Körper, wie der Blick, weist über seinen Bildraum hinaus und bezieht so den Fotografen bzw. den Betrachter mit ein.

Durch die verstärkte Ausleuchtung des Gesichts verliert die Darstellung der Hautstruktur an feinporiger Ausformulierung. Gewissermaßen wäre dann auch hier durch die Überblendung von Informationen eine teilweise Löschung und somit eine Fragmentierung vorzufinden.

Das von schwarzer Tinte deckend übermalte Geschlecht in *Abbildung 5* bietet in der dritten Beispielfotografie eine nochmalige Erweiterung des hier verhandelten Aspekts. Der Farb- oder Tintenkleks ist gezielt zwischen den Schenkeln platziert worden und verläuft nach unten hin über den Bereich des Kimonos hinweg. Es entsteht eine ausgelöschte Stelle – ein Fragment durch Hinzufügung. Auch hiermit wird die Medialität der Fotografie thematisiert, indem auf der Oberfläche des Positivs eine Veränderung vorgenommen wird.

Fehler

In den drei Werken zeigt sich am deutlichsten in *Abbildung 5* so etwas wie ein technischer Aufnahmefehler. So weisen der rechte Unterschenkel und die mit weißen Tabi Socken bekleideten Füße Bereiche einer Überbelichtung auf, sodass die Struktur der Haut und Stofffalten nicht mehr zu erkennen ist. Stattdessen strahlen Haut und Stoff leuchtend weiß. Zudem erscheint der gesamte Körper in einer leichten Unschärfe, die vor allem das Gesicht betrifft. Die Blende muss, gemessen an den herrschenden Lichtverhältnissen, zu lange geöffnet gewesen sein, während die Kamera wahrscheinlich auf einem Stativ fixiert war. Das Modell muss sich trotz Fesselung an dem Pfahl bewegt haben. In ihrer Bewegungsunschärfe steht sie dem Kalligraphie-Arrangement am unteren Bildrand kontrastvoll gegenüber.

Für die anderen beiden (Abb. 3 & 4) ließe sich ebenfalls ein bildkonstituierender Verweis auf die Fotografie festmachen, auch wenn es sich dabei nicht dezidiert um Fehler handelt. Es geht jeweils um den gleichen Effekt des gewählten Brennpunktes. Dieser führt ebenso in eine medienreflexive Richtung wie der Aspekt der Unschärfe. In der korrekten Setzung des Brennpunktes spiegelt das Bild seine technische Perfektion wieder.

Übermalung
Die geschwärzte Vulva in *Abbildung 5* lässt oberhalb des Farbauftrags Schamhaare erkennen. Das Schwarz ist sehr gezielt zwischen den Beinen platziert und wirkt in seiner unkonkreten Form wie in einem einzigen Pinselstrich vollzogen worden zu sein. Zudem ist die Farbe nach unten hin in zwei Spuren verlaufen. Kompositorisch nimmt dies Bezug zum kleinen Arrangement rechts davon. Die Linie der Farbe und die, die der Kalligraphiepinsel beschreibt, ergeben etwa einen rechten Winkel.

Stillleben
Hier geht es um das Erfassen der verschiedenen Wege, den Status des Bildhaften selbst zu thematisieren. Was sich bereits im Kapitel zum Fragment in Bezug auf die Reflexivität der Fotografie andeutete, findet nun Anschluss. Ganz grundlegend exponiert ein Foto eine Oberfläche. Die Körper & Kimonos der Gefesselten sind von Stricken gegliedert, fixiert und arrangiert.

In *Abbildung 3* wird der Kimono durch die geschlossene Form des Körpers als geeinte Fläche zum Motiv und kann so sein Linienspiel von Mustern und Falten entwickeln. In diesem, wie in den anderen Bildern, spielt auch der bereits kommentierte ruhige und direkte Blick eine Rolle. So schwingt in *Abbildung 3* immer auch ein Vergegenwärtigen des Betrachters mit. Konkret wird dies über traditionelle Gestaltungsmittel der Inszenierung eines Portraits noch verstärkt. So spricht das gut ausgeleuchtete Gesicht, die Mittelachsenbetonung und die Figur des Kniestücks die Sprache dieses Bildtyps.

In *Abbildung 4* erlaubt vor allem die tonale Stimmigkeit eine Transformation von Körper zu Bild. Der Körper wird zu Diagonalen und Schwüngen, die wiederum zu einer spannungsreichen Komposition von Linien, Flächen und Kontrasten werden. Das reizvolle Gewirr der Seile auf der Höhe von Torso und Kopf visualisiert dieses Empfinden innerhalb eines eigenständigen Bereiches. Auch dass der Körper durch den Anschnitt am unteren Bildrand zum Fragment gemacht wird, steht im Zeichen eines Körper-als-Bild-Verständnisses.

In *Abbildung 5* kommt ein neues Moment hinzu. Am Saum des Kimonos befinden sich ein geöffneter Tuscheflakon und ein dicker Pinsel, der mit seinen sauberen Borsten auf das Ende der Spur des nachträglichen Farbauftrags weist. Das Arrangement wirkt artifiziell hinzugefügt und drapiert, da es zum einen inhaltlich für den Fesselvorgang vor der Kamera keinen Nutzen erfüllt. Zum anderen ist es formal so inszeniert, dass sich das Tintenfass vor dem Saum des hellen Kimonos gut erkennbar abhebt und dadurch, dass es eingedreht zum Kameraobjektiv steht, seine raumgreifende und stoffliche Plastizität entfalten kann. Außerdem tangiert der Pinsel, der das Tintenglas zwischen sich und dem Kimono einspannt, mit seinen spitz zusammenlaufenden Haaren fast das Ende des Stoffs. Das Gefüge macht kompositorisch einen geradezu statisch austarierten Eindruck und liegt dazu noch in einem eigenständigen Bereich des Bildes. Dieser wird zusammen mit dem Verlauf der Farbe, dem Pinsel und dem linken Unterschenkel des angewinkelten Beines von einem gedachten hochformatigen Viereck umspannt.

2.3 Zwischenfazit

Dieses Kapitel soll eine kurze Rekapitulation der getätigten Beobachtungen liefern. Darüber hinaus jedoch geht es um das Aufzeigen von Überschneidungen einzelner Bildmittel, die in ihrer Kombination zum Teil gegensätzliche oder mehrschichtige Bedeutungsstrukturen annehmen. Außerdem wird es in diesem Zwischenschritt zu einer spezifischeren Formulierung der vorläufig getroffenen Kategorien Blick, Fragment, Fehler, Übermalung und Stillleben kommen.

Alle Bilder eint der direkte Blick der Modelle. Die Betrachtungen haben außerdem gezeigt, dass sich in den ersten beiden Beispielen die Ruhe des Blicks auf die Gesamtkomposition des Bildes übertragen hat. Pose und Gesichtsausdruck sowie die Setzung der Töne und Farben, sprechen eine insgesamt harmonische Sprache. Es kann sogar von einem kontemplativen Ausdruck gesprochen werden, was, ebenso wie die strenge Komposition des Kniestücks, gezielt den Raum künstlerischer Traditionen und fester Gestaltungsprinzipien öffnet. Im dritten Werk (Abb. 5) kehrt sich dieser Einklang von kompositorischer Harmonie und ruhigem Blick in sein Gegenteil um. Der verheißungsvolle Blick der Frau bleibt jedoch durch die Senkung des Kopfes eher schüchtern als auffordernd verlockend.

Die Fokussierung des Gesichtes insgesamt darf bei der Kategorienfindung zum Blick auf gar keinen Fall unberücksichtigt bleiben. Die drei Fotografien weisen verschiedene Formen der Betonung des Antlitzes auf, die schlussfolgern lassen, dass es ein Interesse am Zeigen der individuellen Physiognomie gibt, was sich in deren Gestaltung speziell auf das gesamte Sujet auswirkt. Ein Aspekt des Portraits gelangt ins Bild. Wenn der Blick bei zukünftigen Beispielen auch nicht immer der direkte in die Kamera sein wird, wird er von Araki unmittelbar thematisiert und stets von Ruhe bestimmt bleiben. Daher soll die Kategorie mit der *direkt-versunkene Blick* bezeichnet werden.

Die Eigenschaft des auf den Betrachter gewendeten Blicks dient in jedem Falle der Vergegenwärtigung eines Außerhalb des Bildes. Es wird der Bildraum mit dem des Rezipienten verknüpft, obwohl offenkundig auf die Rahmung oder Begrenzung gewiesen wird. Das hier beobachtete Darstellungsmittel formuliert sich im Anschnitt des Bildgegenstandes. Das Innerbildliche kommuniziert mit dem Außerbildlichen. Dies führt zur Vergegenwärtigung des Fragmentarischen. Es wiederholt sich konkret im Rastern der Körper der Modelle durch das *kinbaku* und in dem deckenden Farbauftrag. Dinge werden durch Zerteilung oder Auslöschung betont. Dabei spielt immer auch die Reflexion der Medialität der Fotografie eine Rolle. In ihrer Eigenschaft, Momente aus dem Zeit-Raum-Kontinuum zu exaltieren und deren Spuren im photosensiblen Material einzubrennen, ist das Fragmentieren eine dieses Medium definierende Eigenschaft. In jedem Farbauftrag erfährt dieser einschneidende Moment eine Erweiterung um die Reflexion des materiellen Produkts bzw. der Oberfläche des Abzugs. Die bereits festgestellte Fragmentierung durch Hinzufügung funktioniert demnach auf zwei Ebenen. Zum einen geschieht dies durch das bare Hinzugeben von überdeckender Farbe und zum anderen durch die Vergegenwärtigung der fotografischen Medialität.

Die Lichtsetzung betreffend wurde angemerkt, dass es durch die leichte Überbelichtung im Gesicht des Modells des zweiten Beispiels zu einem Informationsverlust kommt, der an eine teilweise Auslöschung und somit an eine Fragmentierung erinnert. Gleichzeitig verweist eine Leerstelle auf das Fehlende. Anders formuliert, betont das Licht gerade das Gesicht, während es aber einen Teil desselben, nämlich die Struktur der Haut, nahezu überblendet. Dies wiederum führt zu erhöhter Aufmerksamkeit. Hierin schlägt sich deutlich eine Ambivalenz in der Art der Anwendung des Lichts nieder.

Das Erzeugen eines Fragments wird über verschiedene Bildmittel stets am Modell durchgeführt, während die Fotografie selbst bereits immer das Moment des Herauslösens aus einem größeren Ganzen bereit hält. Es soll versucht werden, dies unter dem Begriff des *Fotomodell-Fragments* zu greifen.

Vor dem Hintergrund der Gattungsfrage, ob ein Portrait oder ein Akt vorliegt, können die hier angeführten Gestaltungsmittel die Rolle des Fragments zusätzlich erweitern. Wenn es einmal der Betonung, ein andermal aber der Reduzierung des Gesichtes taugt, steht ersteres für ein Portraitvorhaben und letzteres für die Fokussierung auf den Akt. Dass das Licht in *Abbildung 4* das Gesicht verhältnismäßig stark im Gegensatz zum Rest des Körpers akzentuiert, kann zum einen auch als Verweis auf die Fotografie allgemein, zum anderen aber im Speziellen auf das Fehlerhafte dieser Einstellung verweisen. Derartige Fauxpas erscheinen öfter und führen dazu, dass selbst technisch perfekt aufgenommene Fotografien hinterfragt werden müssen. Auch hier thematisiert Araki das Bild selbst, was dazu führt, dass diese Fehler im Hinblick auf die ausgeklügelten Kompositionen und Veröffentlichungen schwerlich als lapidare Entscheidungen einzustufen sind. Dies wird besonders am dritten Werkbeispiel sichtbar, welches eine verwackelte Aufnahme der Gefesselten einem kleinen, präzise aufgenommenen Tusche-Arrangement gegenüberstellt. Daher sollen die vermeintlichen technischen Missgriffe als *inszenierte Fehler* verhandelt werden.

In der Übermalung kulminieren die Strukturen des Blicks, des Fragments und des Fehlers im Bezug auf ihre mediale Reflexivität. Sie löscht Informationen des Fotografierten aus, markiert das Räumlichkeit abbildende Foto als zweidimensionales Material und zerstört (zumindest im dritten Werkbeispiel) den Bereich des Bildes, der das Geschlecht zeigt. In der Vernichtung bzw. der Vereinnahmung des sexuellen Akts äußert sich eine Form begehrlicher Lust, die wiederum für den sexuellen Akt als konstitutiv gilt. Die Übermalung vergegenwärtigt aber auch, und das ist viel grundsätzlicher, eine Zeitlichkeit, die über jene der Fotografie hinausreicht.

In der unkonkreten Form des Auftrages zeigt sich außerdem ein impulsiver Ausdruck. Ähnlich dem kalligraphischen Schwung wird hier in einem Zug eine Setzung vollzogen, die das Sujet um einen Aspekt der Präsenz des Künstlers im Bild erweitert. Damit konzentriert sich die gesamte Anlage des Bildes auf das Wechselspiel von Arrangement und Übermalung. Diese sind in unmittelbarem Zusammenhang zu denken. Die nackte Haut der gespreizten Beine und der direkte Blick werden in den Hintergrund gestellt, während die Übermalung deren Gehalt erweitert. So wird das Sujet dem bloßen Präsentieren allzu banaler Erotik entzogen. Die Übermalung konstruiert eine Verbindung zwischen dem extrahierten Tusche-Stillleben und dem Teilakt und zwar in einem der Kalligraphie ähnlichen Duktus. Insofern kommt es zur Findung der *konstruierend-impulsiven Übermalung*.

Die erkennbare Inszenierung ist es auch, die zur nächsten Kategorie führt. Durch die Kimono-Kostümierung, das *kinbaku* und den direkten Blick verrät sich jedes Bild als gestellt und macht sich als Bild kenntlich. Ebenso wie die in beispielsweise *Abbil-*

dung 3 sichtbaren traditionellen Bildformeln, des Kniestücks, des durch eine leichte Torsion erwirkten Viertelprofils und einer neutralen Ausleuchtung dessen, finden sich bisher immer wieder kanonische Gestaltungsmittel abgearbeitet. Doch kann man noch grundsätzlicher ansetzen, indem bereits der Kimono und die Fesselung per se als Bildmotive aufgefasst werden. Erinnert sei hierbei an die lyrische Verhandlung der Gewandung im Mittelalter und die Wichtigkeit der raffinierten Linienführung und Musterschilderung in den *shunga.* Aufgegriffen wird dies erneut durch den Aspekt der kompositorischen Stimmigkeit der drei Bilder, die die abgebildeten Frauen zum Tableau machen, indem sie zu reiner Form werden. Das erste Bild entbehrt jeder persönlichen Zugabe und doch wird es als Portrait lesbar. Das zweite wird unter anderem durch seinen tonalen Aufbau als bekömmliches Arrangement erfahrbar und das dritte Beispiel kommuniziert durch die verwackelte Aufnahme das bildreflexive Moment. Allen gemein ist dabei ein Anschnitt durch die Grenzen des technischen Rahmens einer Fotografie. Dieser verfestigt die Ausrichtung der Wahrnehmung hin zu einem bloßen Objekt vor der Kamera und verknüpft den hier eingeleiteten Bild-im-Bild-Gedanken mit der Kategorie des Fragments. Einmal verweist die Begrenzung ganz grundsätzlich auf das Format eines Bildes, auf der anderen Seite fügt die Anschneidung dem Gezeigten den Status des Bildhaften oder Objekthaften hinzu.

Die Idee mit der Bildwerdung des Modells als Objekt wird manifest. Auf seine Oberfläche reduziert, ist der abgebildete Mensch seiner Persönlichkeit und damit dem, was ihn von anderen unterscheidet, enthoben. Die Ästhetisierung der Frau durch die Fesselung ist dafür ein Beleg und verändert das Gesehene hin zu einem bloßen Arrangement, einem Tableau. Zugespitzt wird dies im dritten Werkbeispiel (Abb. 5), in welchem Araki eine Gegenüberstellung von belebten und unbelebten Momenten vollzieht. Mit einem wirklichen Stillleben, das zusätzlich gerahmt im Motiv platziert wird, ist das Bild-im-Bild Moment eingelöst. Spannung wird dadurch erzielt, indem ausgerechnet der vermeintliche Hauptgegenstand des Bildes, das Modell, unscharf bleibt. Wobei dadurch bereits das Bild-Sein reflektiert, der Kontrast zum unbelebten Arrangement aber auch erhöht wird. Der Fokus liegt auf der präzise wiedergegebenen Stofflichkeit des *nature morte* und holt die Belebtheit der Gefesselten zurück ins Bild. Setzt sie aber auch in ein Verhältnis zu einander und spielt damit auf den *vanitas*-Gedanken an. Für die Kategorisierung dieses Phänomens ist es erforderlich zu wissen, dass innerhalb Arakis Œuvre eine Werkgruppe namens *Erotos* existiert.

Diese Wortkreation setzt sich zusammen aus Eros und Thanatos. Diese beiden Figuren verhandeln Momente von Lust und Tod, Genuss und Sättigung. Das Genre der Stillleben vergegenwärtigt diese Aspekte auf symbolischer Ebene. Zusätzlich fließt es bei Araki mit in die *kinbaku*-Sujets ein. Die vorliegende Kategorie kann folglich als das *Thanatos-Moment* bezeichnet werden.

3. Araki-esque

3.1 Der direkt-versunkene Blick

Als auffällig in Arakis Werk hat sich in den ersten beiden exemplarischen Werkbeispielen der direkt-versunkene Blick in die Kamera gezeigt. Das Abwenden oder sogar Schließen der Augen kommt jedoch ebenfalls vor und verstärkt den Eindruck des Versunkenseins. Davon ausgehend wird auch das Wechselspiel von Kontemplation und erotischer Lust mit verhandelt. Zudem sind Verhältnisse von Bedecktheit und Nacktheit sowie die vielen Möglichkeiten der Betonung und Bedeutung des Blicks herauszustellen.

Konstatiert wurde bereits, dass Arakis Fotografien stets, trotz eines hohen erotischen Reizes, von Ruhe gekennzeichnet sind. Der Begriff des Kontemplativen wurde oben für die Beschreibung des Blicks in *Abbildung 3* angeführt und ließe sich ebenso auf das zweite Werkbeispiel übertragen. Es wurde dahingehend auch von einer gewissen Zwischentonalität gesprochen, welche nicht zwischen ruhiger Trance oder Fokussierung des Gegenübers entschied. Unter Berücksichtigung der spirituellen Bedeutung des *kinbaku* kann von einem durchaus kontemplativen Aspekt ausgegangen werden. Ist man sich der Bedeutung der Zen-Philosophie und des meditativen Kontaktieren des Innern bewusst, spricht die Fesselung eine sehr intime Sprache und stützt somit den konzentrierten Ausdruck des Bildes. Während also nach außen hin eine Frau in eine vermeintlich passive Lage gebracht wurde, befindet sie sich eigentlich in einer aktiven geistigen Auseinandersetzung mit sich selbst. Das könnte Araki demnach meinen, wenn er sagt, dass er zwar die Körper der Frauen fesseln könne, jedoch nicht ihre Seele.[50]

50 Vgl. Moll, Frank-Thorsten: Arakis I-Photography. In: Görner, V./Moll, F.T. (Hrsg.): Nobuyoshi Araki. Araki meets Hokusai. Band I. Kat. Ausst. Kestner Gesellschaft Hannover. Hannover 2008. S. 121. (Im Weiteren: Moll, 2008)

Irritierend im Rahmen dieser Überlegung ist dennoch, dass die Frauen in den verschiedenen Bildern mit geöffneten Augen zum Fotografen blicken, was anstelle von Kontemplation bildsprachlich eher eine aktive Wahrnehmung der Umgebung vermuten lässt. Sowohl die spirituelle Fesselung als auch der direkt-versunkene Blick fördern den Eindruck eines sehr persönlichen, intimen Bildes. Gleichzeitig steht das *kinbaku* und vor allem die Kostümierung jedoch für das inszeniert-erotische Moment, für Exhibition. Dieses grundsätzliche Verhältnis soll hier zunächst aufgespannt werden.

Beim Herausschauen aus den Bildern entbehren die Gesichtsausdrücke trotz der verhandelten Sinnlichkeit oft und eben auch in *Abbildung 3* jeder Form eines offensiv verlockenden Blicks. Gleichzeitig spricht eine derart forcierte Konfrontation mit dem Blick für einen sehr intensiven, wenn nicht gar persönlichen, portraitierenden Umgang mit der Person. Araki bewahrt sich demnach für jedes Sujet Momente, die den Anschein barer Erotik ankratzen.

In *Abbildung 3* arbeitet Araki eindeutig mit Gestaltungsmitteln eines klassisch inszenierten Portraits. Doch was können in diesem Zusammenhang die Fesseln und der Kimono bedeuten? Das *kinbaku* steht, wie oben ausführlich dargelegt, für Meditation auf der einen und für Erotik und Ästhetisierung auf der anderen Seite. Ebenso verhält es sich mit dem Kimono als Zeichen vornehmer Eleganz und Tradition sowie sexueller Kraft. Diese Zweiseitigkeit spiegelt sich auch im Zugang zum Bild. Werden zum einen die erotischen Bedeutungen mittels der Gestaltungsprinzipien des Bildnis' brüchig, so befördern die traditionellen und spirituellen Aspekte zum anderen eine Verstärkung der Inszeniertheit des Portraits.[51]

Das elementarste Zeichen des Inszenierens bei Araki ist das *kinbaku*. Es sorgt auf einer nicht sichtbaren Ebene beim Betrachtenden für den Eindruck einer persönlichen Beziehung zwischen Modell und Fotografen. Ein Bildnis entsteht. Es geht um das Bewusstsein vom Anbringen der Fesseln. Über welches sich zum einen die Einvernehmlichkeit zwischen Modell und Fotograf ausdrückt und zum anderen eine vorangegangene

51 Zum Umgang mit dem Begriff des Portraits muss an dieser Stelle eingeräumt werden, dass nicht davon ausgegangen wird, die Fotografien diesem Genre einwandfrei zuordnen zu können. Hier geht es zunächst um die Wirkung der entsprechenden Gestaltungsmittel vor dem Kontext der Inszenierung. Der Auseinandersetzung mit der Frage nach der Gattung wird sich das letzte Kapitel widmen.

und durchaus intensive körperliche Berührung beider zeigt.[52] Dies erweitert die Abgelichtete hin zum Abseits der Fotografie. Verdeutlicht werden kann diese Beobachtung durch die Hinzuziehung der Filmtheorie Gilles Deleuzes[53], die auf der Semiotiklehre von Charles Sanders Peirce[54] aufbaut.[55] Deleuzes Theorie beschäftigt sich mit der Determinierung eines filmischen *Off* durch den *cadre*. Den Nukleus daraus formuliert Deleuze in seiner ersten Bedeutung des „Außerhalb des Bildfeldes" (*horschamp*): „Befindet sich ein Ensemble in einem Bildfeld – ist es also sichtbar – , dann gibt es stets auch ein noch größeres Ensemble [...]."[56] In einer inszenierten Fotografie vergegenwärtigt sich die Künstlichkeit des hergerichteten Sets, wodurch jedoch eine Abhängigkeit zum Ausdruck kommt, die mehr lesbar macht als sichtbar ist. Die Fotografie selbst gibt also den Blick über den räumlichen und zeitlichen Rahmen hinaus frei, den sie eigentlich fest determiniert. Das Öffnen des fotografischen Bildes wird demnach über das Einschnüren des menschlichen Körpers geleistet und verstärkt so die Wahrnehmung des vorbereiteten und festgehaltenen Moments. Auf der anderen Seite exponiert die Fotografie das zur Fläche gewordene Motiv gerade durch ihre geglättete, perfekte Art der Hochglanzaufnahme. Lediglich absorbierend, stellt sie das Abgebildete zur Verfügung. Ausschließlich junge, makellose Frauen, die mit ihren Kimonos und traditionellen Frisuren in der heutigen Zeit antiquiert und verkleidet wirken, bestätigen so allenfalls ein Exotenbild.[57] Hier wird auf den Gedanken angespielt, der vor allem später für den Bild-im-Bild Aspekt eine Rolle spielen wird: das Verfertigen und Ausstellen einer zur Oberfläche gewordenen Inszenierung. Das Modell lässt ein Stück weit zu, als unbewegliche Schönheit im Rahmen einer klassischen Repräsentationsform komprimiert zu werden. Sie entscheidet sich jedoch auch dafür, dieses Verhältnis durch die Art ihres Blicks aus dem Bild heraus zu vergegen-

52 Araki betont in Interviews, dass er das Kinbaku selbst an den Modellen durchführt. Vgl. Koch, 2013. S. 12.

53 Vgl. Deleuze, Gilles: Das Bewegungs-Bild. Frankfurt am Main 1997. (Im Weiteren: Deleuze I, 1997)

54 Vgl. Pape, Helmut (Hrsg.): Charles S. Peirce – Phänomen und Logik der Zeichen. Frankfurt am Main 1993.

55 Vgl. Deleuze, Gilles: Das Zeit-Bild. Frankfurt am Main 1997. S. 47.

56 Deleuze I, 1997. S. 33.

57 Fritsch, 2011. S. 63.

wärtigen. Dies enthebt sie ihrem vermeintlich leicht zu konsumierenden Status. Es ist, als versuche Araki auf jeder Ebene des Bildes eine Verlockung herzustellen, nur um sie dann immer wieder an ein und derselben Instanz scheitern zu lassen. Der Sog des ruhigen Augenpaares, das über die schillernde Erotik und Kostümierung hinausweist, führt so weg vom Äußeren und hin zum Inneren. Darin wird auch die Begründung für den Eindruck der Zwischentöne im Ausdruck der Augen gesehen. So wie der Künstler Vieldeutiges verwendet, um die Aufmerksamkeit zu den Augen zu leiten, ebenso mehrschichtig ist der Blick. Gleichzeitig direkt und versunken, ansprechend und indifferent wird der Betrachter zur Blickerwiderung aufgefordert und angehalten sich ebenfalls in der Ausdrucksstärke des Dazwischen zu verlieren.

Es sind also Zwischentöne, die sich mit den klaren, komplementären Kontrasten, der harmonischen Komposition und einem augenscheinlichen Darbieten des Modells brechen. Hier wird einem bestimmten Moment nachgespürt, der etwas Authentisches, Persönliches greifen soll. Es wird also ein fotografisches Prinzip verfolgt, das die Suche nach dem ***einzigartigen Augenblick***[58] beschreibt.

> „Für mich besteht die Fotografie im gleichzeitigen blitzschnellen Erkennen der inneren Bedeutung einer Tatsache einerseits, und auf der anderen Seite des strengen und rückhaltlosen Aufbaus der optisch erfaßbaren [sic] Formenwelt, die jene Tatsache zum Ausdruck bringt."[59]

Es handelt sich dabei um eine von Henri Cartier-Bresson 1952 formulierte Forderung an den Pressefotografen. Moll bringt den hier zitierten Begriff und den des ***allumfassenden Archivs*** sowie die Idee, dass diese zwei fotografischen Prinzipien den Charakter von Arakis Arbeitsweise ausmacht, an. Für ihn erweist sich des Künstlers fotografisches Vorgehen als durch und durch von den beiden Parametern des Fotografischen bestimmt. Moll leitet dies aus Arakis rasend schneller und serieller Produktion von Bildern

58 Grittman, Elke: Das politische Bild. Fotojournalismus und Pressefotografie in Theorie und Empirie. Köln 2007. S. 40. (Im Weiteren: Grittmann, 2007)

59 Cartier-Bresson, Henri: Der entscheidende Augenblick. New York 1954. Gekürzt in: Kemp, Wolfgang: Theorie der Fotografie III. 1945-1980. München 1999. S. 82.

ab[60], die es trotzdem schaffen, eine Monumentalität der in meditative Ruhe versunkenen Modelle zu erzeugen.[61] Dieser *einzigartige Augenblick* steht für die Pressefotografie unbedingt in Verbindung mit Authentizität.[62] Die Unpose des Modells wie die unverzerrte Mimik kommt dem entgegen. Nun bewegt sich die hier verhandelte Werkgruppe nicht im Umkreis der Pressefotografie, sondern ist ganz im Gegenteil innerhalb der inszenierten Bilder anzusiedeln. Doch weist Cartier-Bressons Ausspruch auf die Notwendigkeit des fotografischen Gespürs hin, das das Geschehen als lesbare Formation ins Bild bringt. Dies ist der verbindende Punkt zum inszenierten Bild. Es ist – verallgemeinert gesprochen – im besonderen Maße von lauten Posen dominiert, die schnell gestellt wirken können, da sie oft erst in ihrer Manieriertheit lesbar werden.[63] Doch Arakis Bilder werden von einem spürbaren Moment der Versunkenheit bestimmt. Der festgehaltene Augenblick der Ruhe wirkt authentisch.

Authentizität und Pose verhalten sich gegenläufig und dennoch vereint Araki sie durch unposierte Kostümierung und inszenierte Selbstverständlichkeit. Besonders augenfällig wird dies innerhalb der Fotografien, in denen die Protagonistinnen seitlich wegschauen. Sie suggerieren in ihrer ausbleibenden Registrierung des Fotografen eine Dauerhaftigkeit ihres Zustands. Ein Beispiel hierfür stellt *Abbildung 6* dar. Eine Frau sitzt mit einem weiß-violettfarbenen Kimono bekleidet vor einer hellen Betonwand. Sie ist ganzfigurig und mit einer leichten Draufsicht aufgenommen worden. Sie blickt vor sich hin, während sie an den Händen gefesselt ist. Das Seil führt diagonal nach links oben aus dem Bild heraus.

Die Draufsicht, das Ganzfigurige und der wegführende Blick sorgen beim Betrachter für einen Eindruck der Distanz. Dieses Gefühl der Weite überträgt sich vom Räumlichen auch auf das Zeitliche im Sujet. Ein eindeutiges Zeichen zur Vergegenwärtigung des Zeitaspekts ist die große Plastikfliege, die sich in dem Loch in der Wand auf Höhe der Hände befindet. Sie steht für Kurzlebigkeit, Verderblichkeit und in der östlichen Kunst wird

---

60 Moll, 2008. S. 127ff.

61 Ebd. S. 124.

62 Grittmann, 2007. S. 36.

63 Walter, Christine: Bilder erzählen. Positionen inszenierter Fotografie: Eileen Cowin, Jeff Wall, Cindy Sherman, Anna Gaskell, Sharon Lockhard, Tracey Moffatt, Sam Taylor-Wood. Weimar 2002. S. 61 f.

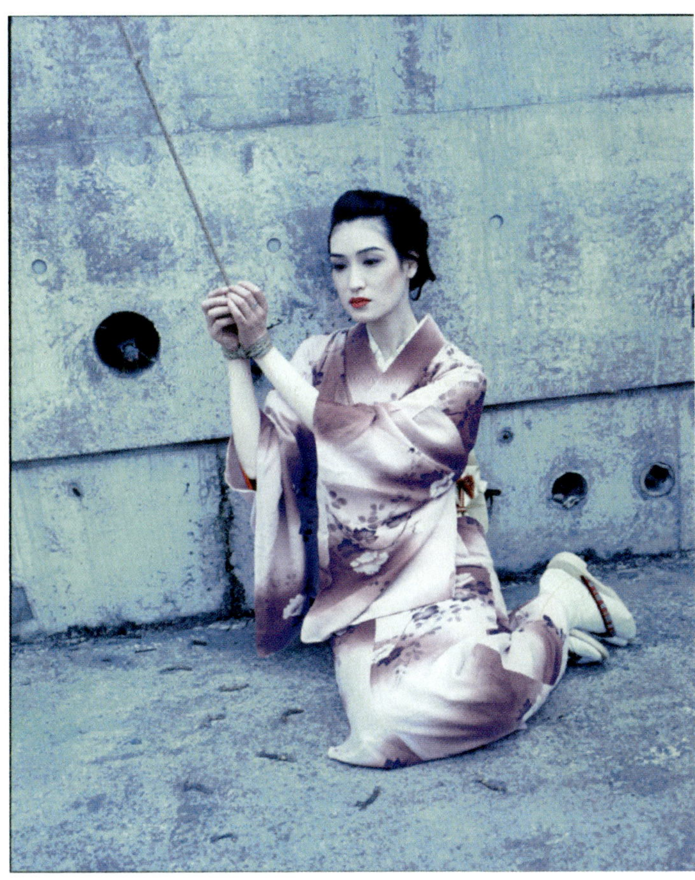

Abb. 6
Nobuyoshi Araki, *o. T.*, 1993, Fotografie, © Nobuyoshi Araki

sie zudem als Symbol für die immaterielle Seele begriffen.[64] Die Fliege als Symbol für das Immaterielle stützt demnach vor allem auch den Bedeutungsstrang des ***kinbaku,*** der oben mit der Akzeptanz der Vergänglichkeit des Augenblicks und der Loslösung vom materiellen Leben Erwähnung fand. Die niedergeschlagenen Lider und das tranceartige, nicht sehende oder nicht fixierende Schauen unterstreichen in diesem Bild den

64 http://www.beyars.com/kunstlexikon/lexikon_8834.html (Letzter Zugriff: 26.07.2015) – Auf die sich hier bietende Möglichkeit, auf die Gattung des Stilllebens einzugehen, muss aufgrund der Konzentration auf den Blick verzichtet werden. Im Kapitel zum Thanatos-Moment wird das Stillleben hingegen erneut thematisiert. Der Hinweis zur Bedeutung der Fliege soll hier als Untermalung für die angebrachte Überlegung zur Zeitlichkeit bzw. Dauerhaftigkeit des Sujets genügen.

sich entziehenden, kontemplativen Ausdruck, der sich durch die geöffneten, jedoch nicht fokussierenden Augen zwischen Aufmerksamkeit und Zerstreuung aufspannt. Der Aspekt der raum-zeitlichen Begrenztheit des Daseins ist hinten angestellt.

Weiterführend wird in der Gestaltung der Augen mittels eines pastellfarbenen Lidschattenauftrags ein Bezug zu den weiteren maßgeblichen Tönen im Bild hergestellt. So wiederholt sich diese Farbe im Kimono und in der Verfärbung der Hände. Das bläuliche Licht verleiht den roten Lippen und Accessoires des Gewandes einen Blaustich und sorgt darüber hinaus für eine sanfte Amalgamierung des Modells mit der Rückwand. Die Farbregie eint die Bestandteile des Bildes zu einem unumstößlichen Gefüge, was zudem von der Betonung der Augen gespiegelt wird. Außerdem verweist der Blick in seiner diagonalen Ausrichtung auf die durch die Verschnürung bläulich-rot angelaufenen Hände, was auf einen anhaltenden Blutstau hindeutet. Die Versunkenheit des Blicks zeigt sich durch viele verschiedene Bildmittel auf der Bedeutungs- sowie auf der Darstellungsebene direkt übernommen, was zu einer ausgewogenen und vor allem Ruhe ausstrahlenden Komposition führt. Indem das Gesicht mit seinen durch den Lichteinfall unterstützten Kontrastierungen auf der senkrechten Bildmittelachse liegt, ist die Fokussierung und damit die Wichtigkeit des Antlitzes eindeutig definiert. Durch den Verzicht auf nackte Haut und den Bezug der Farben des Kimono auf dieselbe greift das Bild den eleganten Ton dieses Kleidungsstückes auf. Die hier deutlich gewordene Hinwendung zur Kontemplativität kann maßgeblich unter Hinzufügung der symbolischen Bedeutung der Fesseln und der Fliege nachvollzogen werden. In der farblichen Amalgamierung und Harmonie, die hauptsächlich über die Augen zusammenläuft, wird so eine Art lebendigen Stilllebens arrangiert, was sich bereits in der zweiten Fotografie der exemplarischen Beispiele andeutete. Unterstützt und brüchig gleichermaßen wird dies in *Abbildung 6* durch die Plastikfigur. Sie bringt das Stillleben-Moment ins Bild, beansprucht es aber als unbelebter Plastikgegenstand auch für sich und wird auf diese Weise mit der Gefesselten im Bild kontrastiert.

Die Motive erfahren eine Verschärfung des Verhältnisses von Kontemplation und Erotik, wenn Araki die Frauen zunehmend vom Kimono befreit. Zum einen wirkt es wie ein Zitat der *shunga*-Blätter, in denen die Protagonisten teilweise entblößt, jedoch zum eindeutigen Zwecke der amourösen Verbindung gezeigt werden. Für Kontemplation oder Spiritualität scheint da nicht viel Raum. Vor allem, da sich der Blick der Fotomodelle gen Betrachter richtet. Vor diesem erotischen Hintergrund keimt die Assoziation des erblickten Voyeurs auf. Er vergegenwärtigt sich im Blick der Protagonistin,

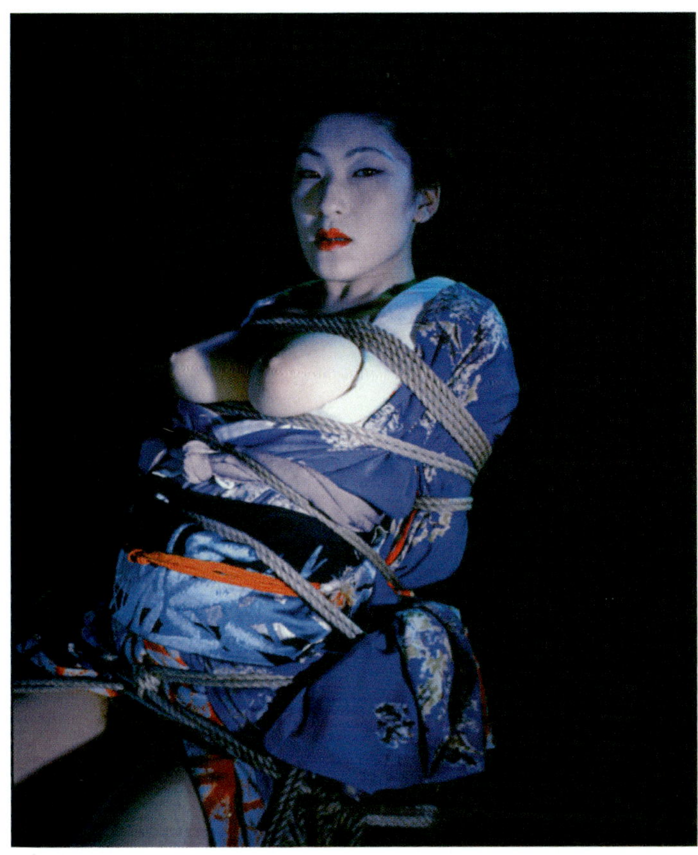

Abb. 7
Nobuyoshi Araki, *o. T.*, 1995, Fotografie, © Nobuyoshi Araki

wodurch sie sich mit Jacques Lacan gesprochen selbst als Bild erkennt: „[...] ich werde erblickt, das heißt ich bin Bild/tableau"[65]. Dieser Aspekt des direkten Blicks, der sich eines zweiten bewusst wird bzw. ist, verhält sich im Einklang mit der Form des inszenierten Portraits. Doch löst dies nicht den Widerspruch zum Unposierten, ausdruckslosen Habitus der Modelle auf. Sie schenken dem auf sie gerichteten Blick keine Bedeutung, was zu einem Gefälle zwischen Betrachtendem und Betrachteter führt. Der Voyeur erblickt ein sich in der Bildwerdung emanzipierendes Subjekt. Zur weiteren Differenzierung des direkten Blicks wird vor diesem Spannungsfeld dem ersten Werkbeispiel ein in vielen Punkten vergleichbares gegenübergestellt. Die Fotografie *Abbildung 7* deckt sich in der Mittel-

65 Lacan zitiert nach Springer, Peter: Voyeurismus in der Kunst. Berlin 2008. S. 253.

achsenbetonung, der Form des Kniestücks, dem Viertelprofil und der harmonischen Farbregie mit *Abbildung 3*. Die Farbregie bezieht das Werkbeispiel *Abbildung 6* mit ein, da sich diese hauptsächlich über das Licht realisiert. Als erstes soll das Verhältnis von Erotik bzw. Sinnlichkeit und dem direkten Blick herausgearbeitet werden. Hierbei sind der Kimono, die entblößte Haut und die *kinbaku*-Stricke genauer zu betrachten, wobei vor allem die Doppeldeutigkeit des *kinbaku* von Interesse ist.

Gänzlich ohne erkennbaren räumlichen Hintergrund und mit einer Lichtsetzung, die vor allem die nackte Haut der Schenkel und die der Brüste hervorhebt, setzt der Künstler in *Abbildung 7* stärker auf den Kontrast zwischen erotischer Sinnlichkeit und einer vermeintlich kontemplativen Stimmung. Das Bild erscheint in seiner Komposition ebenfalls harmonisch. Die Entwicklung des wilden Musters, der vielen Verschnürungen und der durchaus harten Farbkontraste von weiß, blau und rot konzentriert sich vor einem schwarz-monochromen Hintergrund, sodass es zu keinen weiteren Unruhen im Blickfeld kommt. Zudem finden sich die Farben des Kimonos in Teint, Ausleuchtung und Make-Up wieder, wobei der Schatten zwischen den Schenkeln und das Schwarz der Haare das Modell mit dem Hintergrund eins werden lässt. Dabei entsteht zum einen eine Parallelisierung von zwei gegenläufigen Ausrichtungen von Sinnlichkeit. Die farbliche Gestaltung des Gesichtes nimmt die des eleganten Kimonos auf, was zu einer harmonischen Komposition führt, während die betont geschminkten Lippen die Blöße der Frau zu einer plakativen Zeigelust verringern. Im Gesicht verbinden sich dabei beide Aspekte durch das Gestaltungsmittel der Farbe. Zum anderen wird im Zusammenspiel der schwarzen Elemente des Bildes ein kontemplativer Sog visualisiert, der das Modell dem Betrachter nahezu entzieht.

Die Textur der Haut ist weich formuliert, obwohl das Gesicht im bläulichen Halbschatten liegt. Das sinnliche Moment der gefesselten Brüste und Schenkel schlägt sich in Gestaltung und Ausdruck des Antlitzes nieder, indem die Augen und die leicht geöffneten, in kräftiges Rot getauchten Lippen dem Betrachter entgegen blitzen. Sie sorgen für einen Eindruck der zustimmenden Untermalung der dargebotenen weiblichen Reize. Ein Hauch simpler Verfügbarkeit wird spürbar. Das Erblicktwerden des Modells bereitet dem Voyeur beim ersten visuellen Erfassen noch keine Hindernisse, da eine Betonung aller sinnlichen Momente wie eine Einladung zum geduldeten Beschauen verstanden werden kann. In diesem Punkt nähert sich dieses Bild dem *shunga*, aber auch dem dritten Werkbeispiel mit den gespreizten Beinen an. Der Aspekt des fragmentierenden Schattens zwischen den Schenkeln, der wie in *Abbildung 5* lediglich einen Hauch des Schamhaars erkennen lässt, relativiert dieses vermeintlich eindeutige *shunga*-Signal jedoch wieder. Die Frau entzieht sich dem Betrachter und vermengt sich mit der Tiefe des Hintergrundes, wofür auch das sich nicht absetzende schwarze Haupthaar steht. Im Entgleiten vom Bildvordergrund und somit auch ein Stück weit vom Betrachter wird sie in die Tiefe gezogen.

Für eine Enthebung des Sexuellen spricht außerdem, dass die Gesichtszüge selbst weder Lust- noch Verführungswillen offenbaren. Über das Gesicht werden folglich zwei unterschiedliche Konzepte von Lust einander gegenübergestellt. Einmal die allzu bare Betonung einfach zu verabreichender und erfüllender Lust und zum anderen ein subtiles Verheißen derselben durch das Gestalten von Beziehungen, die die erotische Kraft des Kimonos in den Vordergrund stellen. In dieser Fotografie hat Araki einen Weg gefunden, nicht nur die Plumpheit nackter Haut dem niveauvollen Reiz eines aufwendig gewickelten Kimonos gegenüberzustellen, sondern dieses Verhältnis im Gesicht gleichermaßen zu formulieren. Der Blick spielt dabei die Rolle, das Modell zwar als Mitwissende, aber nicht als Auffordernde zu kennzeichnen. Der dadurch entstehende Eindruck einer aktiven Teilhaberschaft, bei einer gleichzeitigen, eher passiv wirkenden Zurückhaltung zieht die Aufmerksamkeit des Rezipienten immer wieder zum Antlitz. Damit ist der Streit zwischen einer Sinnlichkeit, die über die Wickelungen, Bänder, Farben und Muster des Kleidungsstücks ins Bild kommt und der nackten Haut zwar nicht entschieden, allerdings wird der eigentliche Fokus klar: Es geht darum, einen Ausdruck der Abgebildeten einzufangen und auf die Gesamtgestaltung des Bildes zu übertragen.

Die direkt-versunkenen Blicke der Frauen lassen in ihrer Spiegelung und gleichzeitigen Widersprüchlichkeit zu ihrem arrangierten Körper an die ebenfalls leeren und ausdruckslosen Gesichter Eduard Manets denken. Besonders begründet sich dieser Bezug in dem für die japanische Kunst nicht unerheblichen Einfluss der *Olympia* (Abb. 8). An dieser Stelle soll zumindest umrisshaft der Bezug zu dem Pariser Künstler das Verhältnis vom Ausdruck des Körpers und des Gesichts verdeutlichen. Ausgehend von Manet lässt sich darüber hinaus auch die hier festgestellte Ausstrahlung des Gesichtsausdrucks auf das ganze Bild untermauern. So schreibt Lüthy zu Manets *Dans la serre*, dass das Ehepaar Guillemet versunken vor sich hin blickend zeigt, dass die leeren Augen maßgeblich für den *Schwebeeffekt* des Bildes verantwortlich sind

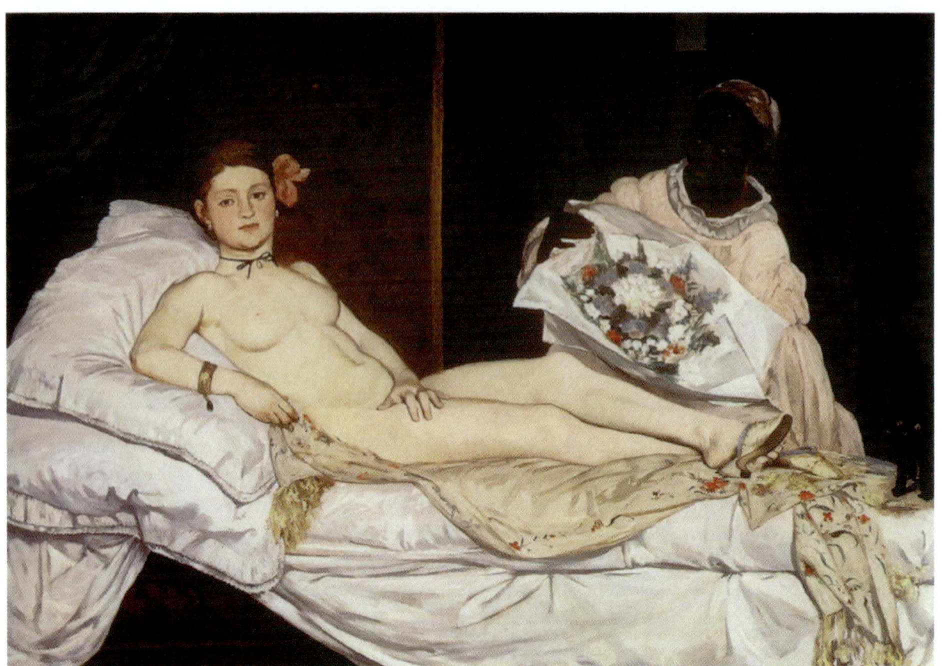

Abb. 8
Eduard Manet, *Olympia*, 1863, Öl auf Leinwand, Musée d'Orsay, Paris

und der „kompositorischen Balance der Bildarchitektur parallel"[66] ist. Er begründet dies mit der Unbestimmtheit des Ausdrucks der beiden Dargestellten. Es sei genau diese, die für ein „dynamisches Gleichgewicht" zwischen Kohärenz und Inkohärenz, Augenblick und Dauer sowie Zerstreuung und Konzentration sorge.[67]

Von einem ähnlich leeren Blick ist auch die *Olympia* bestimmt. Wobei er sich zu *Dans la serre* in seiner Direktheit unterscheidet. Die Pariser Kritiker nahmen im Jahr 1865 Anstoß an der Präsentation des Salonbildes Manets, das flächig ausgeführtes, hell strahlendes Inkarnat einer Prostituierten zeigt. Jeden Naturalismus, Realismus und Idealismus der Zeit verneinend, dient die nackte Haut der ausgestreckten Olympia mehr der Reflexion eines projektiven Potentials als einer bloßen „Abbildlichkeit"[68]. Der Skandal daran formuliert sich besonders in Verbindung mit dem direkten Blick der weiblichen Figur. Nicht genug, dass sie in dieser Aufmachung üblicherweise ihrem Freier entgegen schaut,

66 Lüthy, Michael: Bild und Blick in Manets Malerei. Berlin 2003. S. 54. (Im Weiteren: Lüthy, 2003)

67 Ebd. S. 54.

68 Ebd. S. 116.

dessen Position nun außerhalb des Bildes vom Betrachter besetzt wird, sondern dass sich im Weiß der Haut mitnichten der Freier sondern gerade der Betrachter als impliziert erkennen muss. Diese Setzung entpuppt den Gegenstand des Bildes als einen, der Strukturen vom Verhältnis zwischen Blick und Betrachter beschreibt.[69] Damit ist die Thematisierung von der Medialität der Malerei unabdingbar für das Verständnis des vorliegenden Sujets. Für die Fotografie Arakis konnte wiederholt die gleiche Reflexion festgestellt werden. Damit einher geht eine ***transzendierende Subjektivität*** des Künstlers. Besonders in der Beschreibung der klassisch aufgenommenen Formation des inszenierten Portraits entledigt sich Araki eines individuellen Duktus'[70], um mittels Genre definierenden Gestaltungsprinzipien zu einer reflexiven Aussage über die verhandelte Ambivalenz des gattungsfremden Sujets zu gelangen. Ein Sujet, das zwischen intimem Portrait und extravaganter Erotik schwebt. Dieser letzte Aspekt deutete sich vertiefend in dem mitverhandelten Punkt von Innerlichkeit und Äußerlichkeit, die die Modelle zwischen Subjekt und Objekt changieren lassen, an. Fesseln und Blick verweisen sowohl auf Intimes und Persönliches als auch auf Ästhetisierung und Oberflächlichkeit. Letzteres wurde oben mit Lacan und dem ***Selbstverständnis als Bild*** beschrieben. Die Dialektik aber, die hier zum Vorschein kommt, bezeichnet einen eigentlich bestehenden Entfremdungsprozess. Das Subjekt unterliegt einer paradoxen Spaltung, die sich darin äußert, dass Inneres mit Äußerem zusammenfällt. Für Manets wie für Arakis direkt-versunkene Blicke bedeutet dies eine Beschreibbarkeit ihrer sich entziehenden Ambivalenz.[71]

3.2 Das Fotomodell-Fragment

Eine Fotografie wird in ihrer Eigenschaft, einen Moment aus dem steten Fluss von Raum und Zeit herauszulösen als ein frag-

---

69 Lüthy, 2003. S. 117.

70 Hiermit wird auf Adornos „subjektive Paradoxie von Kunst" seiner *Ästhetischen Theorie* rekurriert, ohne sie an dieser Stelle genauer ausführen zu können. Sie beschreibt, wie der individuelle Künstler der Moderne seinem Bild seine subjektive Hand entzieht, damit das Bild „für sich" bestehende Bedeutung erlangen kann. Nach Hegels Auffassung des Subjektivitätsproblems heißt das also, dass die Subjektivität transzendiert werden müsse, um Allgemeines formulieren zu können. (Vgl. Lüthy, 2003. S. 118)

71 Lüthy, 2003. S. 58f.

mentierendes Medium bezeichnet.[72] Diese konstitutive Charakteristik ist demnach bei der Betrachtung von Fotografien mit zu berücksichtigen. Damit geht immer auch eine Selbstreflexivität des Mediums, des Entstehungsprozesses des Bildes einher. Es kann in besonderer Weise auf seinen Bildstatus verweisen, wenn der Bildgegenstand wie in der Malerei vom Rand des Bildträgers angeschnitten ist. Es ist der Ausführung zum weiblichen Akt, der bereits durch seine Erscheinung auf seine unbedingte Bildlichkeit insistiert, vergleichbar und spitzt dies noch zu, indem Bildgegenstand und -träger auf ihr Bildsein hinweisen. Welche Prinzipien neben Anschnitt und fragmentierender Übermalung Araki außerdem anwendet bzw. wie sich die verschiedenen Möglichkeiten zueinander verhalten, soll hier untersucht werden.

Der Anschnitt des Modells durch den fotografischen Rahmen thematisiert vorrangig sein Verhältnis zum (Bild-) Raum. Die Zeit kommt greifbar über drei Motive ins Bild: einmal arbeitet Araki mit einer automatischen, digitalen Datumsanzeige, was im folgenden näher erläutert werden wird, dann erscheinen Unschärfen, die durch eine Bewegung des Modells herbeigeführt wurden und zum dritten zeigt er Spuren vorangegangener Fesselungen auf der Haut. Für den Künstler geht der generelle Punkt des festgehaltenen Lebensmoments über die Fesseln in einem metaphorischen Bild auf. Die Stricke lassen Stillstand zu und ermöglichen ihm dadurch seinem Verlangen nach dem wahren Bild nachzugehen.[73] Dabei sorgt sein Verlangen nach dem festgehaltenen Augenblick paradoxerweise dafür, dass sein Werk immer im Entstehen begriffen sein wird. Es zeichnet sich auf diesem von Fragmenten gepflasterten Weg durch Kontinuität aus.[74] Der Aspekt einer spürbaren Dauerhaftigkeit zur Erlangung von Authentizität findet sich so auf der Ebene des Mediums wieder. Im vorherigen Kapitel waren diese beiden Ergebnisse (Dauer und Wahrheit) des abgewendeten und vor allem versunkenen Blicks. In *Abbildung 4* zeigt am linken Ober- und Unterschenkel die ebenmäßige Haut Spuren einer vorangegangenen Fesselung. Damit visualisiert das Sujet eindeutig einen Ausschnitt aus dem Fluss der Zeit. Außerdem zeichnet sich die gerade angesprochene Dauerhaftigkeit durch eine sichtbar formulierte Analogie von der Einschreibung der Fesseln und Photonen aus. Die Stricke hinterlassen, wenn

---

72 Vgl. Sontag, Susan: Objekte der Melancholie. In: Über Fotografie. Frankfurt am Main 2008. S. 73. (Im Weiteren: Sontag, 2008)

73 Burtschell, 2009. S. 170.

74 Yuki, 2012. S. 79.

auch nicht so dauerhaft wie die Lichtpartikeln auf der Fotoemulsion, eine Spur ihrer Anwesenheit und ihrer Beschaffenheit auf der Haut. Doch im Moment des Auslösens einer Fotografie werden diese kurzlebigen zu dauerhaften Abdrücken. Am Ende dieses Kapitels soll noch einmal vertieft auf diesen Punkt unter Hinzuziehung weiterer Aspekte zum Fragment eingegangen werden.

In *Abbildung 5* keimt die Frage der Zeitlichkeit bezüglich des Unscharfen, des verwackelten Erscheinens der Gefesselten ebenfalls auf. Das Unscharfe steht für eine durchgeführte Regung, deren Aufzeichnung dem Fotografischen Grenzen aufzeigt. Bewegung vollzieht sich in Raum und Zeit. Die Kameraeinstellung hat die Blende so lange offen gehalten, dass das Durchschreiten dieses Kontinuums ansatzweise sichtbar wird. Irritierend hieran ist, dass ausgerechnet einzig das durch Fesseln an einem Pfosten fixierte Modell verwackelt ist und der Rest des Bildes scharf und deutlich aufgenommen wurde. Das spricht dafür, dass auch die Kamera befestigt worden ist. Ironischerweise erwirken ausgerechnet die beiden festen und auf Perfektion ausgelegten Positionen, Fotoapparat und Modell, das Gegenteil. Ein Bewegungsablauf kann durch eine Kamera aufgezeichnet werden, doch entzieht sich eine verschwommene Fixierung den Sehgewohnheiten im Kontext der Betrachtung einer Fotografie und erscheint fehlerhaft. Auch in diesem Punkt muss auf die späteren Kapitel zum inszenierten Fehler und zum Thanatos-Moment zur weiteren Entfaltung dieses Aspekts verwiesen werden.

Die oben angesprochene Beobachtung der noch immer sichtbaren Abdrücke vom Einschneiden der *kinbaku*-Stricke besetzt das zeitliche Vorher als etwas, das die Gegenwart bzw. das Nachher mitbestimmt. Das Verwackelte zeichnet den Verlauf auf. Was gerade noch war, ist jetzt schon wieder vergangen. Dieses Verhältnis befindet sich ständig im Fluss und kann durch die Fotografie gerade in ihrem Stillstand, ihrem Einfrieren visualisiert werden. Das dritte Gestaltungsmittel, das unmittelbar auf Zeitlichkeit verweist, ist die Datumsanzeige im Bild (Abb. 9). Auch dieses befasst sich unmittelbar mit dem Fluss der Zeit und zwar vor allem indem Araki versucht, dem Verrinnen etwas entgegenzuhalten. Dazu betont er durch die Datumsanzeigen ganz konkrete Zeitpunkte, die auf die Besonderheit des gewählten Augenblicks, zeitgleich aber auch auf sein Dahinfließen weisen. Das Phänomen der Anzeige im Bild durchzieht Arakis Œuvre seit es seinen Ursprung in dem 1980 veröffentlichten *pseudo diary* gefunden hat.[75] In den mit ei-

75 Boecker, 2004. S. 214.

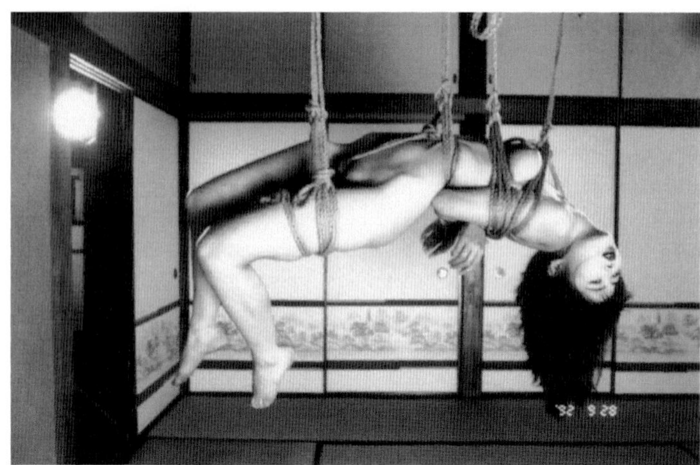

Abb. 9
Nobuyoshi Araki,
o. T., 1992, Fotografie,
© Nobuyoshi Araki

ner Kompaktkamera geschossenen Fotos erscheint in der unteren rechten Bildecke das in digitalen Ziffern wiedergegebene Datum der Aufnahme. Wie der Name des eben erwähnten Bandes vermuten lässt, handelt es sich bei den dazugehörigen Motiven um Alltägliches und Persönliches wie seine Ehe, sein Wohnviertel, das Nachtleben und sein Mittagessen. Araki hat zu der Zeit, ausgehend von dem literarischen Genre des „Ich-Romans", die *shi-shashin*, die „Ich-Fotografie" entwickelt.[76] Die oben bereits erwähnte Jagd nach dem Augenblick, das unbedingte schnappschusshafte Festhalten eines jeden Moments seines Lebens ist nach seinem Verständnis die Erfüllung dieser Gattung.

Nach Moll lässt der vorherrschende Schnappschusscharakter in Arakis Werk auch die *kinbaku*-Motive hart und monoton erscheinen. Die rauen Mengen von immer wieder ähnlich inszenierten Körpern und Gesichtern nehmen einander jede Individualität.[77] Hierin nähern sie sich der konventionellen Pornografie an. Gleichzeitig wird in der Vielzahl der Fotografien auch das Auslaugende dieser kurzen fleischlichen Vergnügungen deutlich. Das Dokumentieren eines Augenblicks erhebt ihn aus vielen anderen und macht ihn vermeintlich zu etwas Besonderem, doch ein endloses Draufhalten mit der Kamera verbraucht den Augenblick.[78] Dieser Flut von Bildern in Tagebuchform

76 Yuki, 2012. S. 10.

77 Moll, 2008. S. 130.

78 Ebd. S. 130f.

stehen undatierte Werkgruppen gegenüber. Auch manipuliert Araki die von der Kamera mitgelieferten Daten auf der Positivoberseite, indem er sie verstellt und vergangene oder zukünftige Termine programmiert. Mit dem Begriff der „Pseudo-Faktizität" reflektiert und unterwandert Araki den althergebrachten Status der Fotografie als objektiv bildgebende Technik.[79] Begründen konnte sich diese Ansicht in der Art der Darstellungs- und Funktionsweise der Kamera. Maßstabsgetreue Wiedergabe von Perspektive und Grau- bzw. Farbnuancen durch das Reagieren der reflektierten Licht-Schattenverhältnisse der fokussierten Gegenstände mit einer entsprechend sensiblen Matrix ließen einen Neutralitäts-, ja einwandfreien Kopiegedanken zu. Doch zur gleichen Zeit war es ausgerechnet der Fragmentierungscharakter des Mediums, der ihn als persönliche Setzung des Fotografen stigmatisierte und den vorherig geschilderten Umgang ins schwanken brachte. Und trotzdem kann sich der unmittelbaren, auf Realität rekurrierenden Wirkung einer Fotografie nicht entzogen werden.[80] Genau dieses Moment versucht Araki mittels der Manipulation des Aufnahmedatums brüchig erscheinen zu lassen. Der raum-zeitliche Bezug und damit die beanspruchte Authentizität einer Fotografie geht bei einem beispielsweise in den 1980ern aufgenommenen Sujets verloren, wenn die Datumsanzeige das Ende des Zweiten Weltkrieges angibt.[81]

Im einführenden Kapitel zum Fragment wurden, neben den hier als Zeitmetaphern bereits erwähnten Fesseln, noch zwei weitere Gestaltungsmittel beobachtet. Sie funktionieren über eine Art der partiellen Betonung. Gemeint ist zum einen das aus den *shunga* bekannte und traditionelle Charakteristikum des Kimono gleichzeitig zu enthüllen und zu verbergen. Es ist als fragmentierendes Element lesbar. Zum anderen wurde das damit dann dritte Gestaltungsprinzip in der Setzung des Lichts identifiziert, welches in seiner Strahlkraft zum einen betont, dabei jedoch im zweiten Werkbeispiel auch Informationen durch leichte Überbelichtung entzieht. Die Übermalung spielt natürlich vor dem Hintergrund, dass auch sie gewissermaßen Ausstreichungen vornimmt, eine Rolle für den Aspekt des Fragments. Das Besondere dabei ist das nachträgliche Auftragen von Farbe, was zu einer Auslöschung der Informationen des fotografischen Trä-

---

79 Yuki, 2012. S. 67f.

80 Stelzer, Otto: Kunst und Photographie. Kontakte, Einflüsse, Wirkungen. München 1978. S. 51.

81 Yuki, 2012. S. 68.

gers führt, das Bild an sich jedoch erweitert. In *Abbildung 5* sind die Verbindungen vom Farbauftrag ausgehend zwischen Blick, Stillleben und fotografisch-technischem Aufnahmefehler sehr dicht gestrickt. Diese Elemente werden also bei den weiteren Ausführungen zum Fragment immer wieder eine Rolle spielen.

Das Übermalen dieser Fotografie verweist aber auch auf zwei zeitliche Etappen, die dem Bild bis zum Antritt seiner dauerhaften Existenz vorausgehen. Der Moment der Aufnahme und der des Farbauftrags. Beide sind eng verquickt mit der Position und Rolle des Fotografen. Zum Zeitpunkt der Aufnahme wurden die Versprechungen der nackten, gespreizten Beine, des zurückgezogenen Kimonos und des durchaus verschmitzten Gesichtsausdrucks von der entblößten Scham eingelöst. Form und Inhalt ergeben eine Kohärenz. Diese wird im Akt des Übertuschens zu gleichen Teilen bestätigt und aufgehoben. Bestätigt insofern, als dass die durch den Kimono realisierte Fragmentierung und Hervorhebung des Geschlechts, den Körper auf seine sexuell-erotischen Aspekte reduziert und sich besonders in der ausschnitthaften Darstellung ein durchaus obsessiver Zugang verschafft wird.[82] An dieser Stelle spitzt sich das Obsessive mit der Ausdeutung des Fragments zu. Das Moment des Ausradierens steht für das zerstörerische Begehren der Vereinigung. Das Streben nach diesem vermeintlich vollkommenen Gefühl der Erfüllung geht mit der gleichzeitigen Auflösung desselben einher. Liebeslust und Tod, Eros und Melancholie stehen sich seit der Antike im Begehren unauflösbar miteinander verbunden gegenüber.[83] Dass dieses Verhältnis auch in Japan eine tiefgreifende und alte Rolle spielt, wird zum einen und ganz grundsätzlich an der erotischen wie morbiden Bedeutung der Kalligraphie deutlich und zum anderen in seiner Thematisierung in weiteren Werken. So beschäftigt sich der Film *Im Reich der Sinne* von Nagisa Oshima von 1976 mit der Darstellung einer leidenschaftlichen Beziehung zwischen einem Besitzer eines Geisha-Hauses und einer Prostituierten. Von Ekstasen der Vereinigung durchzogen, endet die Obsession der beiden füreinander darin, dass die Frau nicht anders kann, als ihren Gelieb-

---

82 Weiermair, Peter: Das Bild des Körpers. In: Weiermair, P. (Hrsg.): Das Bild des Körpers. Kat. Ausst. Frankfurter Kunstverein, Frankfurt am Main. Schaffhausen 1993. S. 5. (Im Weiteren: Weiermair, 1993)

83 Murken, Christa: Die Liebe, die Trauer, die Zeit. Aspekte zur Erotik und Melancholie in der Kunst der Gegenwart. In: Murken, A./ Murken, Ch. (Hrsg.): Melancholie und Eros in der Kunst der Gegenwart: Sammlung Murken. Kat. Ausst. Ludwig Forum für internationale Kunst Aachen. Köln 1997. S. 43.

ten zu entmannen. Dieser Akt und das Ergebnis der Zerstörung können dann nur noch auf die gemeinsame Zeit der Verbindung verweisen. Der abgetrennte Penis steht für das Ganze, sowie die Übermalung für die begehrliche Vereinnahmung und Auslöschung zu begreifen ist.

Aufgehoben sieht sich die Kohärenz von Gesichtsausdruck und Körperhaltung für den Betrachter durch den Farbauftrag. Der Rezipient erhält nicht dasselbe von dem Versprechen der Pose und des Blicks des Modells wie der Fotograf zum Zeitpunkt der Aufnahme. Darin äußert sich außerdem der zeitliche Aspekt dieser Form des Fragments durch Hinzufügung. In der Vergangenheit des Betrachters wurde die Stelle der Vulva im Bild im Wissen einer zukünftigen Rezeption geschwärzt. Diese aufgehobene Kohärenz hält jedoch ein anderes Potenzial für den Betrachter bereit. Die entstandene Leerstelle wirkt anregend und schaltet mittels Assoziationen gedankliche Prozesse des Befüllens frei.[84] Ausgerechnet durch die Hinzufügung einer malerischen Setzung, die auf dem Bild noch eindringlicher auf Arakis Autorenhand verweist, wird der betreffende Bereich an den Betrachter abgegeben. Es stigmatisiert das räumliche Realität implizierende Abbild als Fläche und eröffnet dadurch Raum für Projektionen und zwar an der Stelle, wo sich der weibliche Körper nach innen hin öffnet und erweitert. Es wird durch diese tiefschwarze Farbe ein Gedankensog erzeugt, der sich aber doch aufgrund der hier angebrachten Enträumlichung der Fotografie auf deren Oberfläche abspielen muss.

Mit der Ausleuchtung führt Araki ein weiteres Moment der Fragmentierung ein, das zudem mit der Funktionsweise der Fotografie spielt. In inszenatorischer Analogie zum deutlich erkennbar manipulierten Datum verhält sich die sich selbst entlarvende Lichtsituation. In *Abbildung 4* sind bei einer ansonsten natürlich angelegten Lichtregie die Spots auf dem Gesicht eindeutig in ihrer überbelichtenden Wirkung zu erkennen. Diese werden insofern als eine Form des Fragmentierens betrachtet, als sie erstens in ihrer partiell betonenden Art das Gesicht vom Rest des Körpers ablösen und zweitens Informationen zur Hautstruktur verloren gehen. Das Antlitz bildet in seinen harten Kontrasten eine maskenartige Wirkung aus und stellt so eine Reduzierung dar. Das Gesehene birgt nur noch ein Bruchstück seiner eigentlichen Beschaffenheit für den Betrachter. In

---

84 Bianchi, Paolo: Ästhetik der Fotografie. In: Grosenick, U./Seelig, Th. (Hrsg.): Photo Art. Fotografie im 21. Jahrhundert. Köln 2007. S. 26.

diesem Punkt ist die Wirkung des Lichts der der Übermalung ähnlich. Im Grunde bleibt das fragmentierte Objekt unversehrt und ganz. Doch durch die Regie des Fotografen im Umgang mit seinem Medium wurden an zwei Stellen die Informationsströme unterbrochen, die beide die Fotografie als fragmentierendes Medium kennzeichnen. Das betrifft ihre elementarsten Bereiche: ihre Lichtabhängigkeit, die sie erst zu dem macht, was sie ist und ihre Materialität, die den Status ein Bild zu sein, werden bekräftigt.

In ähnlicher Weise funktioniert *Abbildung 10*. An drei Seilen befestigt, hängt eine junge Frau in einem dunklen Raum von der Decke. Der rote Kimono legt die Brüste frei und fällt ab dem Bauchnabel offen nach unten, sodass die Scham zum Vorschein kommt. Die Rückwand ist von nacktem dunklen Beton, vor welchem sich das Rot und die blasse helle Haut der Gefesselten deutlich abheben. Dieser deutliche Kontrast wird besonders durch das gesetzte Licht erreicht, das von links her kommend auf die Hängende gerichtet ist. Ein deutlicher Schatten zeichnet sich auf dem Hintergrund ab. Das Geschlecht, das nur ein wenig oberhalb des Bildmittelpunktes liegt, befindet sich im Schlagschatten, während jedoch der Venushügel deutlich zu erkennen ist. Das für klare, leuchtende Farben sorgende Licht verdunkelt das Zentrum des Bildes. Die Vergleichbarkeit, auch geschürt durch den direkten Blick und den hochgeschürzten Kimono, zur *Abbildung 5* ist offensichtlich, obwohl hier ohne Übermalung gearbeitet wurde.

Das Fragment wird als eines der wesentlichen Motive des Aktbildes verstanden.[85] Es objektiviert den dargestellten Körper[86] und stellt damit die Persönlichkeit in den Hintergrund. Damit ist jedoch eine ganz andere Art zu Fragmentieren gemeint, als Araki sie umsetzt. Es geht dabei beispielsweise um das Aufnehmen der Wölbung einer Brust oder des Schoßes selbst, wie es Courbet in *L'Origine du Monde* tat. Badelt führt dazu aus, dass diese Art und Weise des intimen Zeigens für ein sehr vertrautes Verhältnis steht und die damit verbundene Sinnlichkeit der Re-

85 Weiermair, 1993. S. 5.

86 Badelt, Sandra: Die nackte Wahrheit. Betrachtungen zum exponierten Geschlecht in der zeitgenössischen Kunst. In: Wismer, B./Badelt, S. (Hrsg.): Diana und Actaeon. Der verbotene Blick auf die Nacktheit. Kat. Ausst. Museum Kunst-Palast Düsseldorf. Ostfildern-Ruit 2008. S. 199. (Im Weiteren: Badelt, 2008)

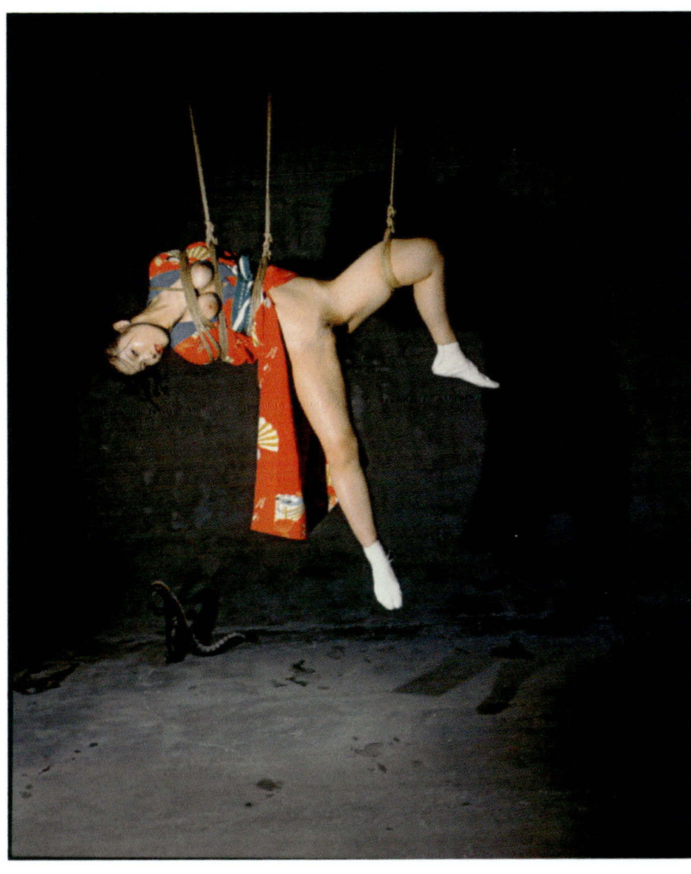

Abb. 10
Nobuyoshi Araki, *o. T.*, o. J., Fotografie, © Nobuyoshi Araki

duzierung zu einer beinahe portraithaften Aussage führt.[87] Doch was erreichen Arakis fragmentierende Eingriffe durch Licht und Farbe? Er ist nicht der Galan aus der Nähe, wie ihn Badelt bei Courbet sieht. Araki entscheidet sich stets, seine Liebhaberschaft aus der Distanz zu verbildlichen. Die Körper kommen meistens mindestens vom Knie her aufwärts ins Bild, belegen zentrale Achsen im Format und es bleibt immer der direkt-versunkene Blick. Seine Art des Fragments betont nicht die Leidenschaft für ein Detail, das nach Badelt für die ganze Person steht, sondern bewahrt vielmehr ein Moment, das nur für Modell und Künstler konkret bleibt. Die partielle Auslöschung verweist auf die Begegnung zwischen den beiden, was über das Darstellen eines Akts oder erotischen Bildes hinausreicht. Insofern funktioniert Araki

87 Badelt, 2008. S. 199.

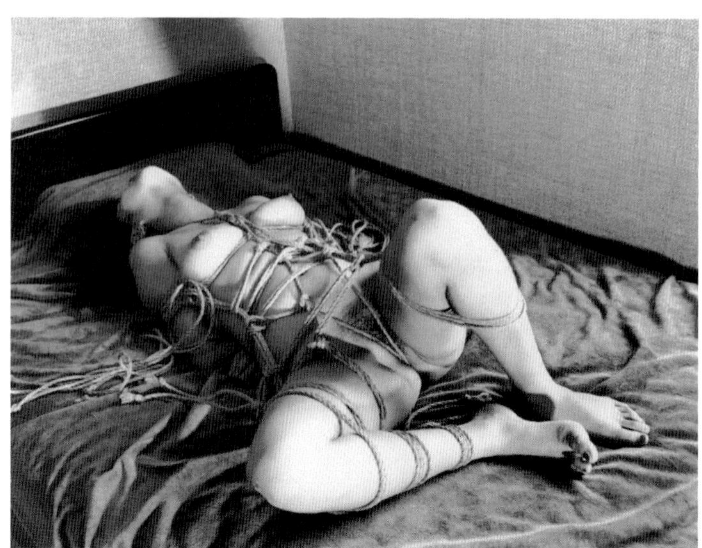

Abb. 11
Nobuyoshi Araki, *o. T.*, o. J., Fotografie, © Nobuyoshi Araki

wie Courbet. Der Unterschied ist nur, dass der Fotograf nicht das eine Detail zeigt, das für ihn für die ganze Person und seine ihr geltende Leidenschaft steht, sondern er behält genau diesen Bereich für sich ein. Er markiert ihn und doch bleibt er privat.

Das Fragmentieren durch die Fesselungen selbst bringt nicht die Betonung eines einzelnen sondern verschiedener Körperteile hervor. Sie werden durch die Umwicklung eines Strangs voneinander getrennt, aber als Wechselspiel von Linien und Flächen auch vereint. Der fragmentierende Habitus des ***kinbaku*** reduziert den Körper auf eine Art Leinwand, die es zu gestalten gilt. Ein prominentes Beispiel hierfür stellt ***Abbildung 4*** bereit. Es soll ein weiteres Beispiel herangezogen werden, das den Eindruck der Leinwand oder des Objekthaften verstärkt. ***Abbildung 11*** zeigt eine liegende Frau in der Mitte eines Bettes. Die Schwarz-Weiß-Fotografie hat eine gefesselte Japanerin mit abgewendetem Gesicht zum Bildgegenstand. Sie ist so vertäut, dass sie auf ihren dicht am Torso angebrachten Armen liegt. Die Seile fragmentieren den Körper in viele kleine einzelne vierseitige Felder. Von den Fesseln bis zum Hals erstrecken sich die Naturfasern teilweise symmetrisch, teilweise asymmetrisch entlang des Körpers. Über der Scham bilden sie ein Dreieck. Zu beiden Seiten der Frau lagern die Überschüsse der Stricke.

Das umwickelte Fleisch wird als nacktes formbares Material erfasst. Das lässt an die Schnürbilder Hans Bellmers aus den 1950er Jahren denken (Abb. 12). Innerhalb der Werkgruppe des Berliner Surrealisten wird das Gesicht der Gefesselten, seiner

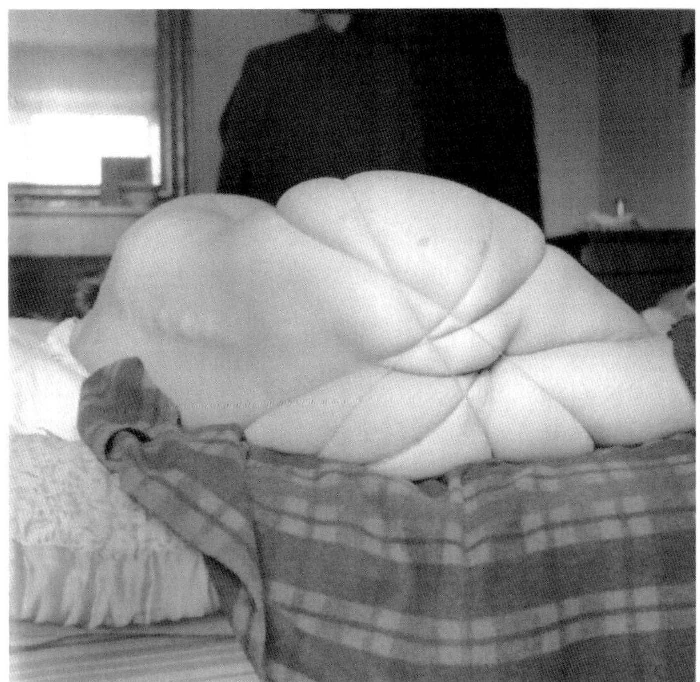

Abb. 12
Hans Bellmer, *Tenir au frais*, 1958, Silbergelatineabzug, © VG Bild-Kunst, Bonn 2017

Lebensgefährtin Unica Zürn, nicht einmal gezeigt. Von Portraits, Aktfotografien oder dergleichen kann hier in keinem Falle gesprochen werden. Vielmehr wird der Körper studienartig mittels Paketband fragmentiert, um ihn *wuchern* zu lassen.[88] In dieser Fotografie Bellmers geht es viel mehr um ein Moment des Amorphen als bei Araki. Dass es sich um einen zusammengekauerten Körper, dessen Rückansicht dem Betrachter zugewendet ist, handelt, erkennt man an den einzelnen Hebungen der Wirbelsäule. Gesäß und Schenkel sind eng umwickelt, sodass Haut- und Paketbandfalten kaum voneinander zu unterscheiden sind. Durch die Schwarz-Weiß-Fotografie wirkt die helle Haut wie eine Gipsmasse, die fertig zum Bearbeiten bereit liegt. Der weibliche Körper verwandelt sich zur toten Unform. Auch wenn Arakis Inszenierungen nicht derart radikal sind, die Frau ihres Körpers zu entledigen, so kommen sie doch als Leinwand verstanden und Stillstand symbolisierend ebenfalls statuarisch

88 Ziegler, Ulf Erdmann: Ein komplexer Charakter. Über Nobuyoshi Arakis fotografisches Werk. In: Zdenek, Felix (Hrsg.): Nobuyoshi Araki: Tokyo – Markt der Gefühle. Kat. Ausst. Deichtorhallen Hamburg. Zürich 1998. S. 18.

ins Bild. Am stärksten zeigt sich dies in *Abbildung 11*, die auch Bellmers Bildern formal am nächsten kommt. Während in dem hier besprochenen Motiv der sinnlich-belebte Aspekt, der durch den zurückgeworfenen Kopf evoziert wird, kontrastreich zur, aber auch im Einklang mit der fixierenden Ganzkörperfesselung steht, bedenkt man beide Bedeutungen des *kinbaku*. In der Benutzung dieser Art des Fragments beider Künstler, um die vermeintlichen Gegensätzlichkeiten von Leben und Tod aufzulösen, wird die ausschlaggebende Gemeinsamkeit gesehen.

Bellmers Werk ist in vielen Punkten von George Bataille inspiriert und beeinflusst. Dieser formulierte 1929 den Begriff des „informe", um gegen das Bestreben, allem eine feste Form zuzuteilen, anzugehen.[89] Silke Krohn zitiert hierbei zur Erweiterung Rosalind Krauss, die sagt, dass „ein Überschreiten jener formalen Logik, die auf der Unterscheidung kategorischer Gegensätze angewiesen ist (...)"[90], „informe" sei. Zu diesen Gegensätzen gehören für Krauss u.a. auch Innen und Außen, Weiblichkeit und Männlichkeit sowie das Leben und der Tod, deren Zusammenbruch eben zum „informe" führt.[91] Bellmer überführt dies in seine Kunst, indem er der Frau einmal ihre Weiblichkeit nimmt und zum anderen überhaupt kaum mehr erkennen lässt, ob es sich um Mensch oder Stein handelt. Alles, was bleibt, ist seine Idee der Verformung von Material, ausgetragen auf einem menschlichen Wesen. Die Fotografie hilft dabei, die Perspektive festzulegen, sodass keine Erweiterung oder Veränderung der Form möglich ist. Das „informe" schreibt sich unumstößlich ein. Der Frauenkörper ist dann seiner Selbstständigkeit enthoben und bloßes Resultat einer künstlerisch wie sexuellen Auseinandersetzung einer virilen Sicht. Ohne dies an dieser Stelle näher ausführen zu können, lässt sich jedoch festhalten, dass es Bellmer nicht um eine Auflösung der Form geht, sondern eben um die Doppeldeutigkeiten, die erst eine Wirklichkeit erzeugen.[92] Hier äußert es sich eben in der Umkehrung von lebendigem Material zu einem unbelebten Gefüge. Bei Araki gibt es diese Gegensätzlichkeiten im Eigentlichen nicht. Er

---

89 Krohn, Silke: Form – Informe. In: Kittelmann, U./Zacharias, K. (Hrsg.): Hans Bellmer – Louise Bourgeois. Double Sexus. Kat. Ausst. Sammlung Scharf-Gerstenberg, Nationalgalerie Berlin. Berlin 2010. S. 68. (Im Weiteren: Krohn, 2010)

90 Rosalind Krauss zitiert nach Krohn. In: Krohn, 2010. S. 68.

91 Krohn, 2010. S. 68.

92 Vgl. Krohn, 2010. S. 68.

setzt Aspekte der Erotik und des Vergänglichen dialektisch nebeneinander und ufert so in eine Mehrdeutigkeit aus. Die Fragmente, die durch das *kinbaku* auf dem Leib entstehen, weisen bereits eine doppelte Bedeutung vor: die des Zen und der Erotik. Als Leinwand verstanden, entbehrt der Körper jedoch trotzdem nicht seiner Weiblichkeit. Die gekünstelt erscheinende Rasterung steht dabei für eine der natürlichen Vorgabe folgenden Ästhetisierung des Leibes. Der Körper wird als Fläche begriffen, weil man ihn umwickelt, doch die daraus entstandenen Flächen bleiben konstituierend für den Körper.

Als abschließender Schritt sollen vor einem letzten Beispiel die Verhältnisse des noch unangesprochenen Anschnitts durch den fotografischen Rahmen und die Bedeutung der damit konstruierten räumlichen Verortung vergegenwärtigt werden. Die Aspekte der Nähe und Distanz spielen dabei eine Rolle, ebenso wie die zeitlichen und speziell fotografischen Bezüge. Die Vergegenwärtigung des fotografischen Raumes lässt zum Fragmenttyp des Anschnitts übergehen. Dieser wurde am beschriebenen zweiten Werkbeispiel *Abbildung 4* hauchdünn an den Zehen der jungen Frau vorgenommen. Damit wird die Herauslösung des Bildes aus einem größeren räumlichen Gefüge kommuniziert. Verstärkt wird dies zudem über den aus dem Bild zum Fotografen führenden Blick. Der Anschnitt an den Füßen führt zusammen mit der gewählten Perspektive und dem direkt blickenden Augenpaar zu ungleichen Eindrücken des räumlichen Verhältnisses. Durch die Beschneidung des unteren Motivrandes gelangen die Fußspitzen in den Bereich des Fotografen bzw. des Betrachters. So wird gewissermaßen eine räumliche Nähe ausgedrückt. Der Bereich des Fotografen wird durch das Unsichtbare sichtbar gemacht. In Verbindung mit dem Blickkontakt ist die Vergegenwärtigung einer eigentlich raumgreifenden Situation erkennbar. Diesen beiden Punkten entgegen verhält sich die ungewohnte Perspektive. Der Körper ist liegend von oben, also aus der Vogelperspektive, aufgenommen worden. Zudem wird an dem leeren Bereich über dem Kopf des Modells deutlich, dass der Anschnitt nicht notwendig gewesen wäre. Das Format hat Platz. Dies wiederum bestätigt eine räumliche Distanz, welche jedoch auf der anderen Seite das Bild als ein arrangiertes entpuppt, das seinerseits ein neues Changement von Nähe und Distanz auslöst. Die Verwandtschaft dieser dem Bild inhärenten Dialektik von Nähe und Distanz wird später in der Auseinandersetzung mit dem Thanatos-Moment erneut eine Rolle spielen.

Ganz nah an sein Motiv rückt Araki in der Schwarz-Weiß-Fotografie aus der Serie „*Kinbaku*" (1991; Abb.13). Hier zeigt er eine

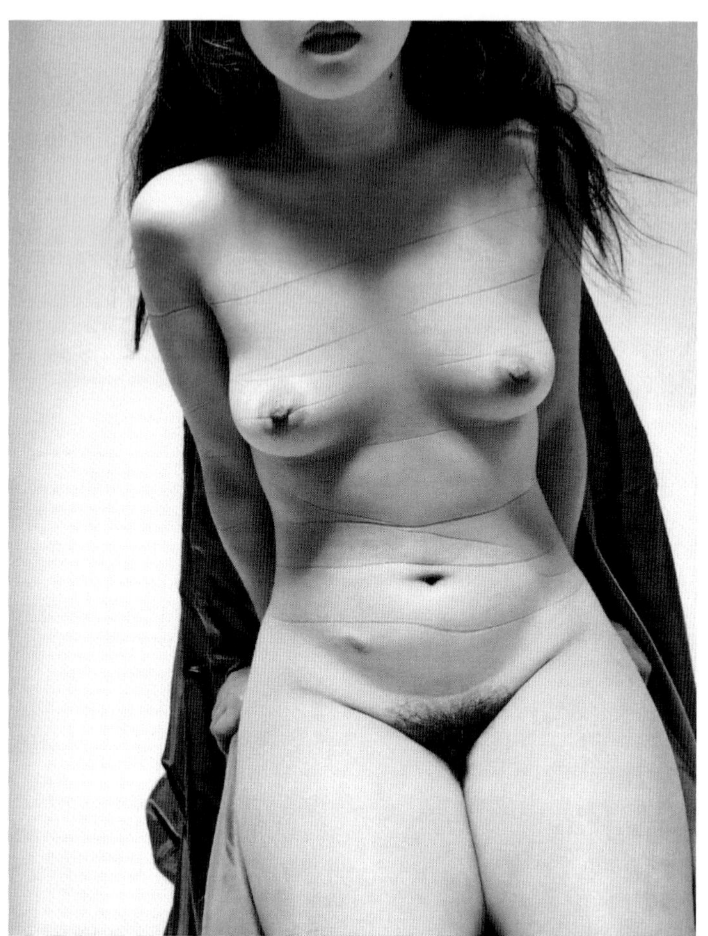

Abb. 13
Nobuyoshi Araki, *o. T. (aus der Serie „Kinbaku")*, 1991, Fotografie, © Nobuyoshi Araki

das gesamte Format ausfüllende sitzende Frau, deren Gesicht oberhalb der Lippen vom fotografischen Rahmen angeschnitten wurde. Sie sitzt frontal zur Kamera. Ihre Haut weist kurz unterhalb des Bauchnabels bis zum Dekolleté in mehreren Zügen verlaufend scharfe Furchen einer entfernten Schnur auf. Die Fesselung wird hier über ihren Einschnittcharakter, über ihre, wenn auch nur kurzfristige, physiologische Veränderung artikuliert. In der Fotografie wird diese Äußerlichkeit konserviert, so wie sich die erfahrene Immobilität in das Innere, das psychologische der Frau eingeschrieben haben wird. Selbst nicht mehr sichtbar, haben die Fesseln ihre Markierung hinterlassen, die die

Fotografie als „Spur des Realen“[93] aufnimmt. Darin formuliert sich die oben angesprochene Analogie zwischen Fotografie und Fesselung, die die Veränderung einer photo- oder drucksensiblen Oberfläche meint. Ein zuvor wirklich dagewesener Augenblick wird bewiesen und weiter in die Gegenwart getragen. Araki materialisiert das Bild der inneren Veränderung, des Spirituellen des *kinbaku* nicht durch die Fesseln, sondern mittels ihrer Abwesenheit, ihrer Unsichtbarkeit. Das nahe Heranrücken an das Modell wirkt dabei trotzdem nicht distanzlos. Es ist mehr wie ein intensives Hinblicken oder ein auf das Innere deuten, ohne es zu berühren. Die geschlossene Körperhaltung, der zusammengepressten Schenkel, der nahe an den Hüften anliegenden Arme, die zusätzlich eine stützende Funktion einnehmen, lassen ihre Oberfläche, die sich in den Schnüren dem Innern angenähert hat, erfassen.

3.3 Der inszenierte Fehler

Unscharfe, verwackelte und überbelichtete Fotografien irritieren in einem Œuvre, das stark von Streetphotography und *pseudo diary*-Schnappschüssen durchzogen ist, nicht unbedingt. In dem Tokio rauschhaft und ungestüm dokumentierenden Fotografen steckt jedoch auch ein ebenso gewissenhaft und überlegt inszenierender und komponierender Künstler. Irritierend ist daher vielmehr, dass sich der vermeintliche Schnappschusscharakter dieses Rausches auf die Bilder der *kinbaku* Werkgruppe, deren Anlage eben jener höchsten Kontrolle unterliegt, überträgt. So gibt es Fotografien, die Gefesselte unscharf zeigen, Überbelichtungen enthalten, einen Weißabgleich vermissen lassen, das Fotostudio bzw. die Kulisse aufdecken oder stürzende Perspektiven zulassen. Daraus ergeben sich zwei Modi des Fehlers bei Araki: einmal das defizitäre Anwenden von ausschließlich die Fotografie betreffenden technischen Kriterien wie Licht, Weißabgleich, Ausrichtung, Brennpunkt und Belichtungszeit und zum anderen innerbildliche Hinweise auf ein abgesprochenes Fotosetting.

Die Thematisierung einer Inszenierung wird also über das Arrangement des Modells hinaus auch durch seine Verortung in einem speziell dafür ausgerichteten Raum sichtbar. Auch hierbei muss noch einmal genauer differenziert werden. Auf der einen

93 Stiegler, Bernd: Bilder der Photographie. Ein Album photographischer Metaphern. Frankfurt am Main 2006. S. 218.

Seite lässt Araki eindeutig auszumachende Kunstlichtspots zu und auf der anderen Seite das Erscheinen der Kulissen bzw. Fotorückwände. Exemplarisch für die Verwendung einer sich selbst entlarvenden Lichtführung ist *Abbildung 4*. Bei der Verhandlung der Frage nach der Fragmentierung wurde dieses Bildmittel als eindeutige Setzung mit klaren kompositorischen Bezugnahmen und Konsequenzen besprochen. Doch wird unter der Maßgabe des Fehlerhaften, was eine Überbelichtung de facto ist, eine vermeintlich gegensätzliche Beobachtung möglich. Sie kann als gegensätzlich beschrieben werden, da sie nicht als bewusste Setzung wahrgenommen wird, sondern als technische Inkonsistenz oder Schwäche interpretiert werden kann. Doch ist es genau dieses Widerspiel zwischen Inszeniertem und Fehlerhaftem, welches das Bild verrätselt und ähnlich dem Fragment durch eine Leerstelle über seine Sujetgrenzen hinaus weisen lässt und das Bild zum Betrachter hin öffnet. Des Weiteren verändert sich hierbei die Ausrichtung des Spannungsbogens, indem ein Fehler innerhalb einer eindeutig inszenierten und insbesondere fotografischen Situation als grob fahrlässig wahrgenommen wird und dem künstlerischen Motiv des Fragments gegenüber als kunstloser Versuch abgekanzelt werden muss. Doch liegt in genau diesem Moment eine große Kraft, die das Bild mit Authentizität erfüllt und in andeutender Vorausweisung auf die Auseinandersetzung mit der Unschärfe innerhalb der Fotografiegeschichte natürlich alles andere als ein Versehen Arakis darstellt.

In *Abbildung 4* zeigt sich dieses Spannungsfeld umgesetzt, indem reizvoll mit Kontrasten in Tonwerten, Stofflichkeiten, Leere und Fülle gespielt wird. Fast plump erscheint dagegen die eingenommene Haltung der Frau, die sich der Länge nach ausstreckt und ihren Körper eher in einer natürlichen statt in einer artifiziellen Pose darbietet. Jede Wölbung zeichnet sich durch eine zarte Schattierung ab und wird weich von den Silbersalzen in das Positiv eingeschrieben. Thomas Koerfer führt dies zusammen als ein Interesse Arakis an der Oberfläche und Glätte des weiblichen Körpers.[94] Um so irritierender ist vor diesem Hintergrund das stark ausgeleuchtete Gesicht. Koerfer bringt zum Interesse an Oberflächenstrukturen auch das des *Unzugänglichen* an, was symbolisch über das *kinbaku* und formal über das Überbelichten eingelöst

94 Koerfer, Thomas: Wie in einem Spiegel. Der Einfluss des Films auf die Körperdarstellung in der zeitgenössischen Kunst. In: Karabelnik-Matta, M.(Hrsg.): Stripped Bare – Der entblößte Körper in der zeitgenössischen Kunst und Fotografie. Ostfildern-Ruit 2004. S. 86.

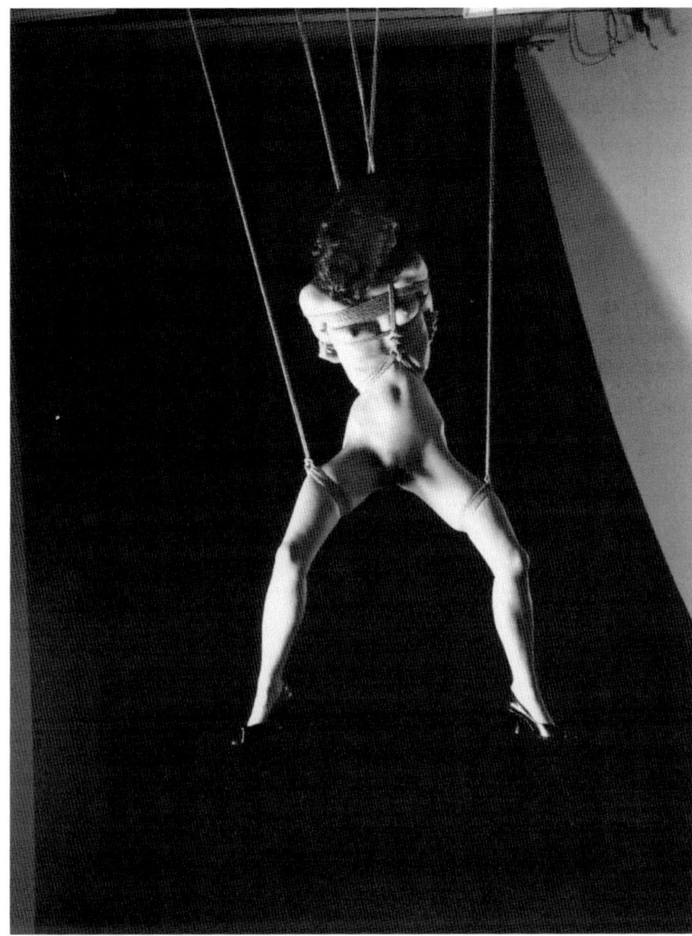

Abb. 14
Nobuyoshi Araki, *o. T.*, o. J., Fotografie, © Nobuyoshi Araki

wird. Es geht um das Suggerieren einer Stimmung, einer Atmosphäre, die zwischen Modell und Fotograf konstituierend ist und sich in der Betonung und Erzeugung einer Leerstelle ausgerechnet im Gesicht niederschlägt. Der Stelle, der der Sitz des individuellen Zuges eines Menschen zugesprochen wird. Wie verhält es sich jedoch, wenn dieser Bereich verschattet, andere Teile des Körpers jedoch eindeutig überbelichtet ins Bild kommen? In *Abbildung 14* befindet sich, an drei Punkten ihres Körpers fixiert, eine nackte Frau im Bildmittelpunkt. Ihr Kopf ist nach links gedreht und ihr lockiges Haar verdunkelt ihr Profil. Mit der Entscheidung, das Gesicht im diffusen Licht zu platzieren, wird der gleiche Effekt wie in *Abbildung 7* erreicht: ein Verschmelzen mit dem Hintergrund. Was vor der Gleichzeitigkeit mit dem hier einseitig und besonders krass gesetzten Licht noch irritierender wirkt, da die Körperkonturen kontrastvoll vor der dunklen Wand hervorgehoben werden. Dieser Kontrast lässt die Inszenierung noch gezielter wirken und begreift, gepaart mit der hervorblitzenden Atelierwand, den Künstler mit ein. Dadurch werden Modell und Fotograf ins Verhältnis zueinander gesetzt. Die Frau wirkt in ihrer Statik vollkommen in sich ruhend, doch Araki erlaubt sich, sie blendend, quasi laut, aufzunehmen. Er bewahrt wieder etwas für sie und sich auf, indem er nicht etwa ein nach fototechnischen Maßstäben makelloses Motiv erzeugt, sondern ihr und sich selbst Raum für Verborgenes, *Unzugängliches* zurück hält und dadurch erneut Leerstellen eröffnet.

Dem Verdunkeln des Gesichtes steht entgegen, dass das Modell stark von links her angeleuchtet ist, sodass viele Stellen ihrer rechten Seite nahezu strahlend weiß leuchten und sich so deutlich vor dem schwarzen Hintergrund abheben. Die Körperkonturen reißen regelrecht vor Überblendung aus und erzeugen so eine sehr hohe Kontrastwirkung. Diese Gestaltung steht den zuvor betrachteten vor allem durch das Zurückstellen des Gesichtes entgegen. Doch kommt hier ein neuer Aspekt ins Bild, der das vermeintliche Interesse an der bloßen weiblichen Form, die hier symmetrisch und zentriert und somit hoch artifiziell dargestellt wird, aufbricht. An den beiden seitlichen und am oberen Bildrand kommt das Fotostudio zum Vorschein. Die Wand des Ateliers, das als Raum für die kreativen und praktischen Auseinandersetzungen mit einer Idee steht, erscheint im Bild. Araki entscheidet sich in einem Bild mit stürzender Perspektive und überbelichteten Bereichen seines ansonsten hochgradig austarierten Objekts dafür, sein Refugium imperfekt mit ins Format zu setzen. Dieses Motiv der stürzenden Perspektive wiederholt sich ebenfalls in seinem Œuvre. Auffallend daran ist, dass sich die Perspektive stets an den hängenden Frauen und nicht etwa an den Bodenlinien orientiert. Es kippt also das feste Gefüge der Architektur zugunsten einer visuellen Stabilität der Hängenden. So bemerkt Judith Gerdsen für ein Bild aus der Serie *Desire and the Void* (1996–1997; Abb. 15), dass dieses Phänomen so angelegt wird, dass die Hängende für die Stabilität des nach links kippenden Bildes sorgt. Der Betrachter kann sich an den geraden Senkrechten der Stricke, des Kimonos und der Beine der im Raum von der Decke hängenden Japanerin halten.[95] Araki

95 Gerdsen, Judith: Die Leidenschaft der Linien. Nobuyoshi Arakis gefesselte Japanerin. In: Sykora, K./Derenthal, L. u. a. (Hrsg.): Fotografische Leidenschaften. Marburg 2006. S. 233.

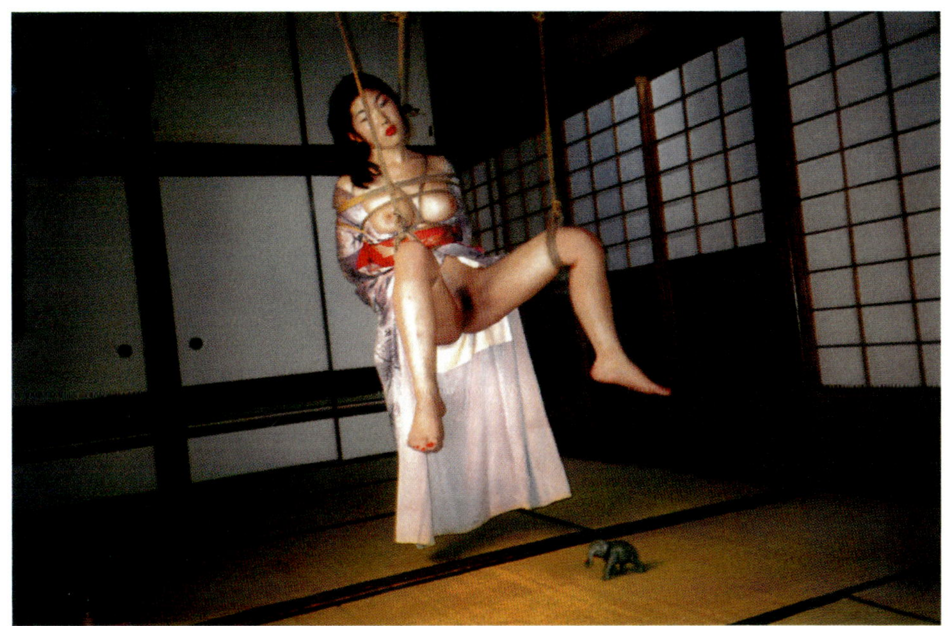

bricht die Sehgewohnheiten und auch die Anforderungen an die fotografische Wiedergabe der Perspektive auf, um den Blick dann innerhalb des kippenden Raumes ausgerechnet von dem schwebenden Element festigen zu lassen.

Abb. 15
Nobuyoshi Araki, *o. T. (aus der Serie „Desire and the Void"), 1996–1997*, Fotografie, © Nobuyoshi Araki

Die Gestaltungsmittel des überbelichtenden Ausleuchtens, des sichtbar werdenden Ateliers und der stürzenden Perspektive sind Möglichkeiten, das Bild oder Objekt außerhalb der Kamera zu beeinflussen. Dies entlarvt in jedem Falle die Inszenierung des Fotos, die sich eigentlich durch die Kostümierung, Fesselung und direkten Blicke bereits selbst als inszeniert offenbart. Diese sichtbaren Eingriffe des Fotografen dekonstruieren die Versprechungen eines vermeintlich allzu leicht zu kategorisierenden Sujets. Bereits das Wechselspiel von Zen, traditionellen Bildtypen und Erotik sorgte für ein schwer zu fassendes Bildthema. Durch die Hinzufügung der technisch inszenierenden Mittel verstärkt sich dieses Wechselspiel und wird durch den Aspekt des Fotografischen erweitert.

Seine Kulmination erfährt es in den folgenden zu besprechenden Bildmitteln, die für das Medium der Fotografie als konstitutiv gelten. Damit wird das Moment der Medienreflexivität vor dem Hintergrund des inszenierten Fehlers zum dominierenden Thema erhoben. Konstituierend für das durch eine Kamera aufgenommene Bild sind die naturgetreue Wiedergabe der Farben oder entsprechende Graustufen und die maßstabsgerechte Übereinstimmung der Form des fotografierten Referenten mit seinem Abbild. Diese Eigenschaften bauen auf der optischen Funktionsweise des Fotoapparates bzw. des fotochemischen Prozesses auf. An diese technischen Grundlagen hat sich mit der Erscheinung des fotografischen Bildes 1839 und trotz anfänglicher Irritationen gegenüber der gestochen scharfen und naturgetreuen Wiedergabefähigkeit aber genau jene als ein zu erhebender Anspruch an die Fotografie etabliert. Ohne hier zu nah auf den Diskurs zur Fototheorie über die Abbildfunktion einzugehen, soll er an entscheidender Stelle und anhand der bei Araki funktionalisierten Fehler mitverhandelt werden. Dass diese neutrale Wiedergabe des Referenten schnell ins Wanken gerät, hat bereits die Auseinandersetzung mit dem Fragment und den bis hier verhandelten *fehlerhaften* Bildmitteln gezeigt. Arakis Umgang mit der Unschärfe und der Lichttemperatur ist ein treffender Anwendungsbereich für das hier Dargelegte.

Auf den technischen Fehler zur Einstellung der Lichttemperatur, den Weißabgleich, wurde bereits in den Betrachtungen zu *Abbildung 6* und *Abbildung 7* eingegangen. Auch wenn an entsprechender Stelle nicht konkret auf die Bedeutung des Fehlerhaften hingedeutet wurde, so ist doch maßgeblich auf das Gewicht des Wechselspiels mit anderen bildbestimmenden Mitteln verwiesen worden. Zentrale Punkte dabei waren, dass das unnatürliche Licht bzw. die mangelhaft abgestimmte Kamera die gesamte Farbanlage der Fotografie dominierten. Durch äquivalente Töne in den Kimonos hat dies dazu geführt, dass das Kleidungsstück harmonisch mit beiden Modellen verschmolz. In *Abbildung 6* kam außerdem hinzu, dass sich die Hergerichtete vollends mit dem Hintergrund verband und eins mit der Fläche wurde. Außerdem übertrugen sich Bedeutungsaspekte der Kleidung auf die Gesichter, was in Kombination mit dem jeweiligen Blick zu einem spannungsreichen Wechselspiel von Erotik und Kontemplation, von Enthüllen und Verbergen führte. In der lichtfarblichen Amalgamierung des Modells mit seinem Umfeld konnten ebenfalls Punkte wie Zeit und Raum diskutiert werden, die darüber hinaus auf das folgende Kapitel zum Stillleben bzw. Thanatos-Moment verweisen. Die Auseinandersetzung hat gezeigt, dass der auffallend defizitäre Umgang mit der Lichttemperatur Analogien und Bedeutungsräume geöffnet hat, die andernfalls nicht sichtbar geworden wären. Dass es sich dabei um eine speziell das Medium der Fotografie betreffende Bedingung handelt, fordert in diesem Kapitel vor allem die Beobachtung der Selbstreflexivität.

Es spannt sich ein sehr ausdifferenziertes Feld an verschiedenen Möglichkeiten auf, die Sujets mit verunklärenden Mitteln zu umgeben. Wie sich bereits in dem dritten exemplarischen Werkbeispiel zeigte, spielt auch Unschärfe in Arakis Werk eine Rolle. Vor dem Hintergrund eines nicht unerheblichen Diskurses gerade um diese spezielle Form des fotografisch-technischen Fehlers wird versucht werden, Arakis Umgang mit eben diesem zu verhandeln. Wie der Titel dieses Kapitels bereits verrät, wird nicht von einem unbewusst erlangten Defizit ausgegangen, als vielmehr von einem Zugewinn, der Leerstellen im Bild erzeugt, die über seinen Rahmen hinausweisen. Den Einstieg hierzu soll das technisch und vermeintlich perfekte Bild leisten. Wie oben bereits erwähnt, kann bei der Betrachtung der technischen Fehler ebenso die Perfektion mit verhandelt werden, was das Spannungsfeld zwischen fehlerhaftem und inszeniertem Foto noch zuspitzt. Zum ersten exemplarischen Werkbeispiel *Abbildung 3* wurden bereits die ausgewogenen Lichtverhältnisse und Farbkontraste beschrieben, was für ein wohl überlegtes Arrangieren und Kostümieren spricht. Besonders reizvoll, weil dem physiologischen Sehvorgang sehr ähnlich, ist die Setzung von Schärfe und Unschärfe bzw. des Brennpunkts. Dies funktioniert über das Objektiv, das wie beim Auge der Vorgang der Akkommodation, eine Strecke im Raum bis zu einem gewählten Punkt scharfstellt. Darin liegt die Ähnlichkeit zum menschlichen Sehprozess, was dazu beiträgt, dass die fotografischen Bilder stets als ein realitätversprechendes Abbild des Referenten wahrgenommen werden. Gleichzeitig führt sich das Medium aber genau in diesem Punkt vor, da der zu durchschreitende Raum auf einer Fotografie nicht mehr gegeben ist.[96] Der Apparat imitiert das Sehen im Raum und projiziert es perspektivisch präzise auf eine Fläche. Die Vorwegnahme des Fokussierens ermöglicht es dem Betrachter nicht mehr, beispielsweise den bepflanzten Hintergrund der hier angeführten Fotografie genauer zu studieren, weil er unscharf verbleibt. Noch deutlicher wird dies, wenn der Brennpunkt bereits innerhalb eines Objektes so gesetzt ist, dass beispielsweise bei einem Portrait Gesicht und Oberkörper deutlich im bzw. außerhalb des Schärfebereiches liegen. In *Abbildung 16* ist eine in einem Viertelprofil und aus erhöhter Perspektive aufgenommene Japanerin zu sehen, deren Brüste von *kinbaku* Fesseln umwickelt und vom Kimono freigelegt sind. Die Schärfe liegt eindeutig auf den

96 Von Amelunxen, Hubertus: Die aufgehobene Zeit: Die Erfindung der Photographie durch William Henry Fox Talbot. Berlin 1988. S. 47.

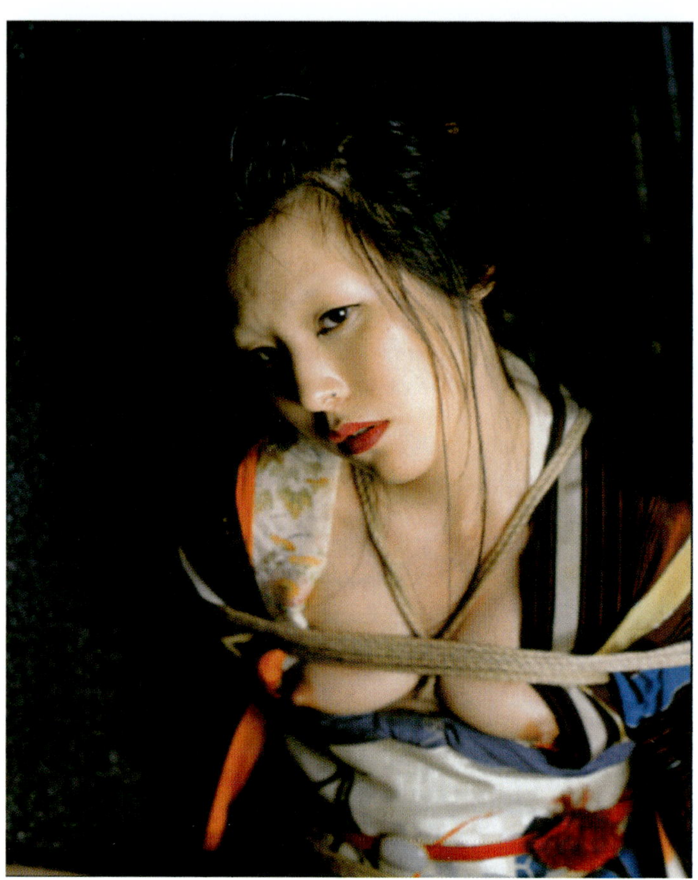

Abb. 16
Nobuyoshi Araki,
o. T., *o. J.*, Fotografie,

Augen, was für eine klassische Portraitfotografie charakteristisch ist. Die entsprechend klein gewählte Blende kann bereits das Ohr, das Kinn und alles weitere dahinter bzw. darunter Liegende nicht mehr scharf erfassen. Dekolleté, Brüste und Bauch verschwimmen bereits zu diffusen Flächen. Das Gesicht scheint dreidimensional aus dem Bild heraus zu ragen. Auch der Schatten spielt in diesem Zusammenwirken von Raum und Fläche eine Rolle. Der Betrachter kann durch Blickwinkeländerung nicht erwirken, dass sich das Licht- und Schattenverhältnis abwandelt. Die fotografische Perfektion der räumlichen und sogar physiologischen Gesetzmäßigkeiten des allerdings flachen Bildträgers, das unveränderliche Nebeneinander von Schärfe und Unschärfe begründen die Irritation beim Betrachten der Fotografien.

Die Parallelität solcher Gegensätze in einem Bild erinnert an die frühen Portraits Julia Margaret Camerons, die bei einem ähnlichen Aufbau ihrer Fotografien ebenfalls von einer präzisen Abbildung absah und stattdessen einen Ausdruck festzuhalten suchte. Einen Ausdruck, der über den sekundenschnellen Moment der Aufnahme selbst hinausreicht und eine „Vor- und Nachzeitigkeit“[97], gewissermaßen die Beziehung zwischen Fotograf und Modell, einfügt. Damit wird der Wahrheitsgehalt einer Fotografie insofern auf den Prüfstein gestellt, als dass davon ausgegangen werden kann, dass ihr Sujet neutral von einem Apparat mittels eines chemisch-physikalischen Prozesses aufgezeichnet und dann doch etwas Nicht-Sichtbares, Innerliches transportiert wird. Somit übt Cameron mit der Verwendung von Unschärfe in dieser Frühphase der Fotografie Kritik an dem uneingeschränkten Glauben und dem Bedürfnis danach, Schärfe und damit eine größtmögliche Äquivalenz mit dem abgelichteten Objekt erlangen zu müssen. In der Wissenschaft sollte über das bedingungslose Darstellen vom kleinsten Detail das Unsichtbare sichtbar gemacht und das menschliche Auge überboten werden.[98] Doch Cameron verweist auf eine suggestive Kraft der Fotografie, wie sie auch der Malerei zugesprochen wird. Auf ironische Art und Weise wird etwas Unsichtbares ausgerechnet über das Gegenteil von Präzision ins Bild eingefügt. Unschärfe hat nichts mit der naturwissenschaftlichen Detailfixierung und ihrer Suche nach dem nicht Sichtbaren zu tun und doch touchiert sie genau so viel von dem Unsagbaren, dass das Bild im Kopf des Betrachters zu einem ganzen werden kann.

Hier ist ein Seitenblick auf die Gegenwartskunst und speziell auf die wirkungsästhetischen Ideen Gerhard Richters erhellend. Er versteht die unscharfen, verschleierten Elemente in seinen Werken ebenfalls als stimmungshafte Qualitäten. „Im Ganzen und in jeder Einzelheit wirkt es emotional, löst es Stimmungen aus.“[99] Damit reiht er sich in den Zweig der Fototheorie ein, den der Piktorialismus von 1900 etabliert hat. Der fototechnische Fehler der Unschärfe ist demnach nicht als Schwachstelle der Fotografie, sondern vielmehr als Wegebnung für einen künstle-

97 Brusius, Mirjam: Unschärfe als frühe Fotokritik. Julia Margaret Camerons Frage nach dem Maß der Fotografie im 19. Jahrhundert. In: Reichle, I./Siegel, S. (Hrsg.): Maßlose Bilder. Visuelle Ästhetik der Transgression. München 2009. S. 343. (Im Weiteren: Brusius, 2009)

98 Ebd. S. 343.

99 Gerhard Richter im Interview mit Benjamin H. D. Buchloh. Zitiert nach Becker, Ilka: Fotografische Atmosphären. Rhetoriken des Unbestimmten in der zeitgenössischen Kunst. München 2010. S. 114. (Im Weiteren: Becker, 2010)

rischen, weil offeneren Charakter des Bildes zu betrachten. Daran macht sich eine Reflexion der Wirkungskraft von Malerei und Fotografie kenntlich. Es handelt sich bei dem Einsetzen dieser *nebulösen* Stilmittel in jedem Falle um eine gezielte Auseinandersetzung Richters mit der Wirkfähigkeit der Malerei, ausgelöst von der Unschärfe in der Fotografie.[100] Es geht ihm nicht um das Einlösen einer Erwartung an eine Abbildfunktion seiner Bilder, die jedoch durch den fotografischen Habitus geschürt wird.[101] Besonders erhellend wird der Vergleich zwischen den beiden Künstlern durch die Hinzuziehung verwackelter bzw. unscharfer Fotografien Arakis. Bei ihm lassen sich zwei grundsätzliche Unterschiede in der Verwendung von Unschärfe feststellen, die sich auf die Einstellung der Belichtungszeit zurückführen lässt: Einerseits wird das gesamte Bild unscharf, andererseits wird lediglich das Modell verwackelt dargestellt bei ansonsten scharfer Wiedergabe statischer Elemente im Bild. In *Abbildung 5* ist Letzteres der Fall. Hier hat sich das Modell bewegt. Die Irritation diesbezüglich wird vor allem durch das *kinbaku*, welches sie an einen Mast fixiert, ausgelöst und noch verstärkt. Der Betrachter sieht sich einer immobilen Bewegung gegenüber. Durch das Festhalten der Atmung oder eines kurzen Erzitterns des Modells flößt der Fotograf ihm Leben ein. Das Versprechen des Blicks und der gespreizten Beine wird in seiner Ablichtung von Leben greifbarer, in seiner Rekurrenz auf den Bildstatus, der durch die Unschärfe vergegenwärtigt wird, jedoch erzeugt das gleiche Bildmittel das Gegenteil. Dabei geht es um die Paradoxie der sichtbar gemachten eingefrorenen Bewegung. Dem menschlichen Auge entgeht in der Realität Unschärfe durch Bewegung nicht, doch kann sie dort aufgrund des gleichförmigen Zeitflusses vom Sehapparat nachvollzogen und verarbeitet werden. Susan Sontag verhandelt dieses Phänomen der Fotografie vor dem Hintergrund, dass diese zwangsläufig mehr von der Realität verbirgt als sie zeigt.

> „Die „Realität“ der Welt liegt nicht in ihren Abbildern, sondern in ihren Funktionen. Funktionen sind zeitliche Abläufe und müssen im zeitlichen Kontext erklärt werden. Nur was fortlaufend geschildert wird, kann von uns *verstanden* [sic] werden.“[102]

---

100 Becker, 2010. S. 112 f.

101 Gaßner, Hubertus: Unscharf – Bilder der Einbildung. In: Gaßner, H./ Koep, D. (Hrsg.): Unscharf. Nach Gerhard Richter. Kat. Ausst. Hamburger Kunsthalle, Ostfildern-Ruit 2011. S. 6. (Im Weiteren: Gaßner, 2011)

102 Sontag, Susan: In Platos Höhle. In: Sontag, 2008. S. 29.

Die verwischte Form der Frau in Arakis Fotografie, die für eine andauernde Bewegung steht, wirkt dem Sujet gegenüber nicht adäquat, da es eine Fixierung zeigt. Die Realität ist somit nach Sontag nicht abgebildet. Genau in dem Begriff und der Erwartung des Abbildens setzen Araki und auch Richter eine Zäsur. Alle drei – Araki, Sontag und Richter – thematisieren bzw. kritisieren die Annahme, dass eine Fotografie visuell und intellektuell einfach hinzunehmen und zu absorbieren sei, dass sie für sich allein stehen könne. Das Verwackeln vergegenwärtigt die Einstellung des Fotografen, der die Kamera führt und ausrichtet. Das Foto selbst bzw. das geschaffene Abbild kann die Funktion der Unschärfe nicht klären, verzerrt sie hingegen noch zusätzlich, indem es die Widersprüchlichkeit von festgezurrter Mobilität zeigt. Der Fehler liegt demnach in der Diskrepanz von der physiologischen Erwartung an das optische Fokussieren einer Kamera und deren apparativen Grenzen.[103] Mit Barthes kann hierzu vertiefend gesagt werden, dass das Auslösen einer Fotografie die Dinge ihrer Zugehörigkeit zu einem konkreten Raum-Zeit-Kontinuum entreißt. Dieses Festhalten der geworfenen Schatten ist der Inbegriff des Fotografischen. Das Bild zeigt eine Wirklichkeit, die gerade vor dem Hintergrund einer inszenierten Fotografie, zum Zeitpunkt der Betrachtung höchstwahrscheinlich nicht mehr existent ist.[104] Das Herauslösen eines Moments, so Barthes, sei wie ein „plötzliches Eintauchen in den buchstäblichen TOD [sic]“[105]. Durch das Einfrieren der menschlichen Regung wird also auf den Technikcharakter der Fotografie verwiesen, was dem Modell seine Leibhaftigkeit nimmt, während die Zeicheninstrumente in *Abbildung 5* durch den fotografischen Naturalismus haptisch und lebensecht wirken. Fotografien können also ihrem Gegenstand seinen realen Bezug entziehen. Der fotografisch-technische Fehler reflektiert dies und verstärkt dazu die Wirklichkeit des Fotografischen.

In Arakis Werk zum *kinbaku* erscheinen auch solche Motive (aus der Serie *Kaori;* Abb. 17), die gänzlich einer Unschärfe unterworfen, sprich durch die zitternde Hand des Fotografen ver-

---

103 Becker, 2010. S. 111.

104 Finkeldey, Bernd: Der Stand der Dinge. In: Kunstverein Göppingen e.V. (Hrsg.): Stilleben. Photographien von Candida Höfer, Christopher Muller, Claus Goedicke. Kat. Ausst. Städtische Galerie Göppingen. Göppingen 1998. S. 6. (Im Weiteren: Finkeldey, 1998)

105 Barthes, Roland: Die helle Kammer. Bemerkungen zur Photographie. Frankfurt am Main 2012. S. 103. (Im Weiteren: Barthes, 2012)

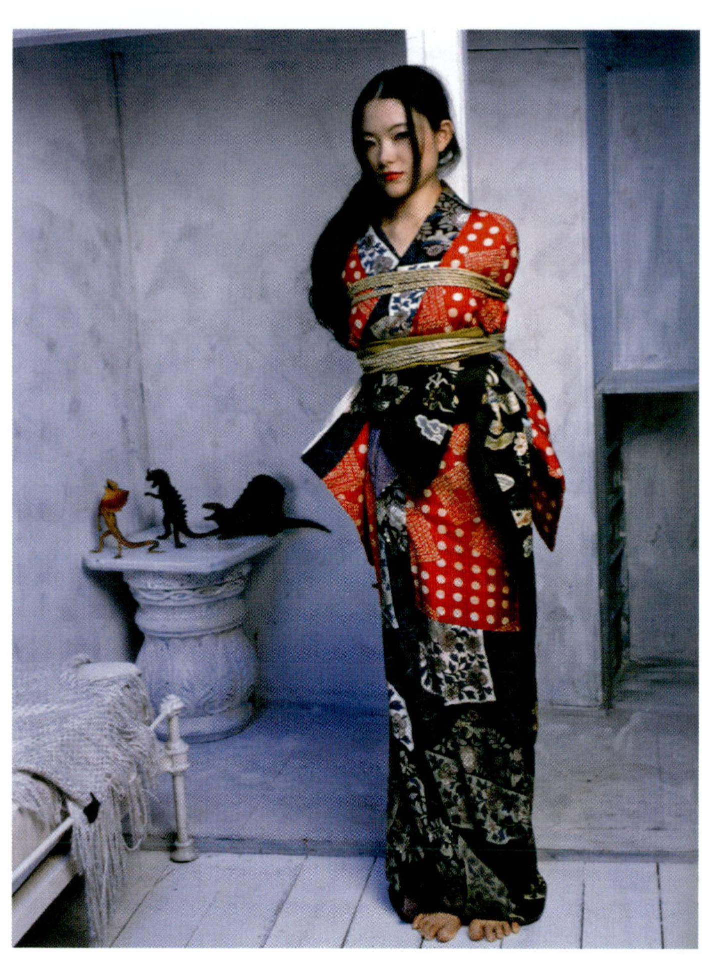

Abb. 17
Nobuyoshi Araki, *o. T. (aus der Serie* „Kaori"*)*, 2004, Fotografie, © Nobuyoshi Araki

wackelt sind. Das Bild der an einen Pfosten gefesselten Kaori in einem weiß getünchten Raum ist vollkommen von einem diffusen Schleier überzogen. Damit kommt der Aspekt des beeinflussenden Künstlers wiederholt in den Fokus. Die drei Spielzeugdinosaurier im hinteren Bereich des Bildes werden in der Literatur immer wieder als Alter Ego Arakis gedeutet[106], der sich so selbst neben das Modell platziert. Darauf soll vor allem im Kapitel zum Thanatos-Moment näher eingegangen werden, doch wird dieser Aspekt zur Person des Künstlers hier als unterstützend erachtet. Es ist nämlich anzunehmen, dass dieses Unvollkommene

106 Burtschell, 2009. S. 129

eine gewisse Unmittelbarkeit oder Authentizität vermittelt, was oben in den Ausführungen zu den *Abbildungen 3, 14* und den Portraitarbeiten Camerons mit „Vor- und Nachzeitigkeit" beschrieben wurde. Araki hinterlässt seine Spur und formuliert einen intuitiven und somit authentischen Charakter der Produktion des Bildes. Authentizität wird dem Bild Robert Capas vom fallenden Milizionär auch attestiert, obwohl oder gerade weil es verschwommen ist. Es stellt die präzise Abbildungspflicht des Mediums in den Hintergrund und fängt stattdessen das schnelle Zücken der Kamera im Moment der Gefahr einer Kriegssituation ein, um einen *einzigartigen Augenblick* festzuhalten.[107]

Zum Abschluss dieses Kapitels soll der Vergleich zu Gerhard Richter und seiner Position zur Unschärfe die hier gesammelten Aspekte rekapitulieren. Er malt nach verschwommenen und teilweise willkürlich ausgewählten Fotografievorlagen Ölgemälde (Abb. 18). Er will keine Ähnlichkeit mit den gezeigten Personen oder Gegenständen erzeugen, sondern etwas Grundlegenderes sichtbar machen.[108] Auch wenn es ihm dabei nicht um die Vermittlung eines authentischen Eindrucks geht, so doch um die Reflexion bzw. Aushebelung der Annahme, einzig eine nach technischen Maßgaben korrekte und scharfe Fotografie könne diesen erreichen. Er stellt fest, dass „Bilder nicht gemacht werden, um sie mit der Realität zu vergleichen, daher können sie nicht unscharf sein oder un genau oder anders [...]".[109] Das wird vor dem hier verhandelten Gegenstand so verstanden, dass Araki in Verwendung einer Unschärfe oder Überbelichtung zwar nicht den Referenten realitätsnah abbildet, dafür aber das für eine Fotografie nicht Greifbare einer Stimmung oder

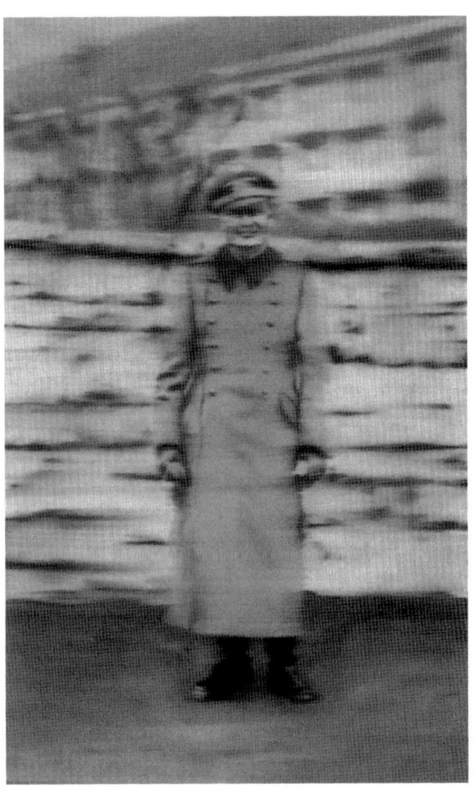

Abb. 18
Gerhard Rchter, *Onkel Rudi*, 1965, Öl auf Leinwand, © Gerhard Richter 2016

107 Hüppauf, Bernd: Eine neue Unschärfe. In: Gaßner, H./Koep, D. (Hrsg.): Unscharf. Nach Gerhard Richter. Hamburger Kunsthalle. Ostfildern-Ruit 2011. S. 40. (Im Weiteren: Hüppauf, 2010)

108 Ebd. S. 44.

109 Gerhard Richter zitiert nach: Gaßner, 2011. S. 6.

einer Beziehung scharf thematisiert. Es wird also ein Facettenreichtum thematisiert und nicht nur unmittelbare Oberfläche dargestellt. Es ist wichtig dies zu unterscheiden, da eine Stimmung hier über Bruch- oder Leerstellen vermittelt wird. Der Referent wird also auf dem Foto verzerrt und entfernt sich so von seiner baren Abbildung. Dies findet bereits im vermeintlich perfekten Bild statt. Zudem haben Bruch- oder Leerstellen in Bildern stets eine aktivierende Wirkung auf den Betrachter – so auch die Unschärfe oder eben allgemeiner der inszenierte Fehler, der diesen offenen Raum bewusst im Bild platziert. Bernd Hüppauf fasst dies als „konstituierendes Element der Bildlichkeit“[110] auf. Durch Unschärfe wird der Blick irritiert und die sich dadurch eröffnenden Leerstellen müssen vom Betrachter gefüllt werden. Die abgebildete Vagheit erweitert das materielle Objekt außerdem.[111] Die Vorgabe des Künstlers darüber, wo sich der Fokus im Bild befinden soll, schränkt den Rezipienten zunächst in seiner physiologischen Sehgewohnheit ein. Sie eröffnet ihm aber gleichzeitig die Möglichkeit, das Bild zu befragen, eigenes hineinzuprojizieren. Sein Innerstes kommt ebenso ins Bild wie das des Modells und des Künstlers. Insofern beschreibt Koerfers Begriff des *Unzugänglichen* auch einen Modus des Zugangs für den Betrachter.

Zusätzlich zum oben angesprochenen Aspekt der Zeit soll nun in einem letzten Seitenblick das Moment des Künstlers im Bild um ein Weiteres verdeutlicht werden. Bilder, die wie das dritte exemplarische Werk Arakis einer Langzeitbelichtung unterworfen sind, hebeln den Charakter einer Momentaufnahme aus. Die daraus entstehenden Ungenauigkeiten symbolisieren überbrückte Zeitlücken.[112] Hüppauf bringt hierzu das Beispiel des koreanischen Fotografen Kyungwoo Chun an, der Portraits mit einer einstündigen Blendenöffnung belichtet (Abb. 19). Chun stellt fest, das ein Bild entsteht,

> „indem die miteinander verbrachte Zeit und die Person des Fotografen wie die des Fotografierten sich überlagern […]. Das Bild zeigt nicht nur das, was sich vor der Kamera befindet, sondern auch das, was sich im Raum dazwischen ereignet.“[113]

---

110 Hüppauf, 2010. S. 34.

111 Ebd. S. 35.

112 Ebd. S. 46 f.

113 Kyungwoo Chun zitiert nach: Hüppauf, 2010. S. 47.

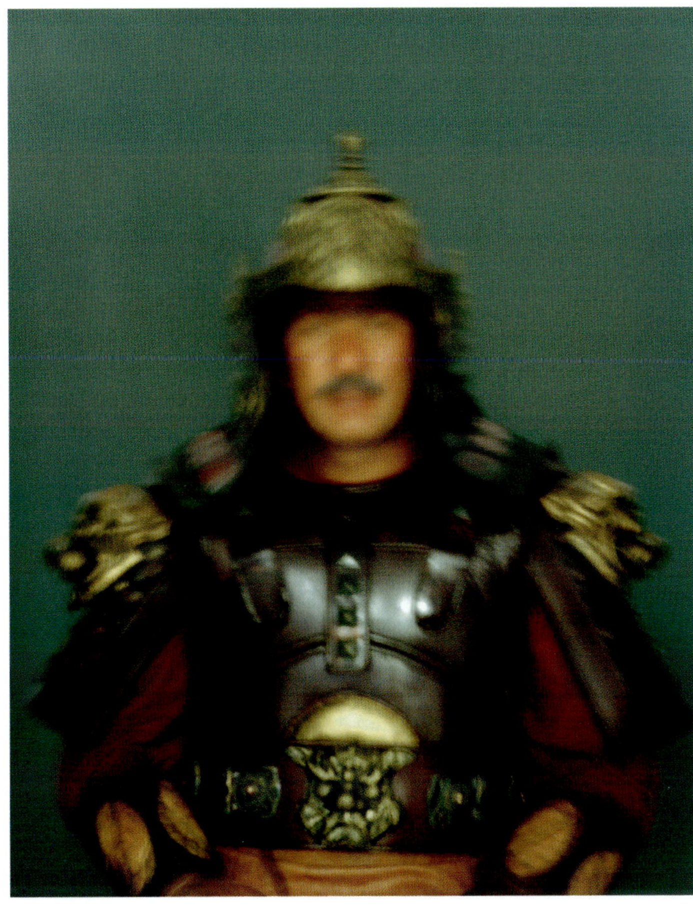

Abb. 19
Kyungwoo Chun,
1592 #1, 2007, C-Print,
© Kyungwoo Chun

3.4 Die konstruierend-impulsive Übermalung

Arakis Œuvre zum Akt, Stillleben und zum *kinbaku* ist von Tusch- oder Farbaufträgen an vielen Stellen akzentuiert. Ausgeführt wird der Pinselstrich meist sehr dynamisch und intuitiv Formen des Bildes folgend oder diese betonend. Dabei stellen sich verschiedene Typen heraus, die sich grundlegend in zwei Kategorien einteilen lassen: das Bemalen des Bildgegenstandes selbst und das der Fotografie bzw. des Bildträgers. Ersteres erstreckt sich über klar ausgeführte Kalligraphiezeichen bis hin zu Farbüberschüttungen der Haut der Modelle und das farbige Bespritzen von Blumenblüten. Bei der Übermalung des Bildträgers ist entweder ein einzelnes

Bild betroffen oder Araki verbindet unterschiedliche Sujets zweier separater Fotografien miteinander. Der nachträgliche Farbauftrag findet ausschließlich auf Schwarz-Weiß-Fotografien statt.

Durch die Nähe und durch das Einbringen von Kalligraphiezeichen wird dieses Kapitel bereits verstärkt den *erotos*-Aspekt des Werks Arakis mitverhandeln. In der Darlegung des Bedeutungsspektrums der traditionellen Schriftkultur klangen bereits Begriffspaare wie impulsiv/genormt und erotisch/morbid an. Es wird im Farbauftrag auf die Fotooberfläche auch das Medium als Objekt thematisiert. So stehen die durch die Übermalung ausgelöschten oder verfremdeten Bereiche für eine Fragmentierung. In der Übermalung kulminieren demnach viele der bereits einzeln angesprochenen Aspekte und sie bereitet das Thanatos-Moment vor. In dieser Kulmination schlägt sich zudem der Charakter der über das Sujet hinausweisenden, konstruierenden Übermalung nieder. Der impulsive Aspekt des Übermalens lässt stets den Querverweis zur Kunst der Kalligraphie zu. Dies erlaubt eine medientheoretische Auseinandersetzung, die bereits eine kulturell verwurzelte Ambivalenz des gleichzeitig Lustvollen und Verderblichen sowie des Verhüllens und Aufdeckens enthält.

In der exemplarisch gewählten *Abbildung 5* überträgt sich verstärkt die Bedeutung der Kalligraphie durch das Tusche-Arrangement auf den aufgesetzten Pinselstrich und erweitert das Bild um das Bedeutungsspektrum der japanischen Schriftzeichen. Der Schreibpinsel und der Flakon sind eindeutige Utensilien dieser traditionellen Zeichenschrift. In einem Bild der Serie *Marvellous Stories of Black Ink* (1992–1994; Abb. 20) sind die gleichen Instrumente auf einem weißen Blatt Papier auf dem Boden im rechten Bereich des Bildes wiederzuerkennen. Der Flakon ist wie in der exemplarisch gewählten Fotografie geöffnet. Anders allerdings ist, dass der Pinsel Spuren des Gebrauchs aufweist. War das Changement von Vor- und Nachträglichkeit im dritten Werkbeispiel durch den unbenutzten Pinsel und den nachträglichen Farbauftrag unauflösbar, so ist nun ein vorangegangener Ablauf indiziert. Es wurde mit dem Pinsel ein Zeichen auf den unteren Rücken der bis auf die Tabi-Socken entkleideten Frau aufgetragen. Der Pinsel befindet sich noch im Bild. Ist hier der Pinsel noch als aktiver Teilhaber zu erkennen, hatte das Tuschearrangement in *Abbildung 5* für das Bildgeschehen selbst keine Bedeutung. Außerdem stehen die unterschiedlichen Formen des Farbauftrags in einer Reihe mit dem Vollführen des *kinbaku* und der Gebrauchsweise des Kimonos, der im Verdecken enthüllt.

Das *kinbaku* bringt die im zeitlichen Verlauf begriffene Auseinandersetzung des Künstlers mit seinem Sujet zum Ausdruck. Ge-

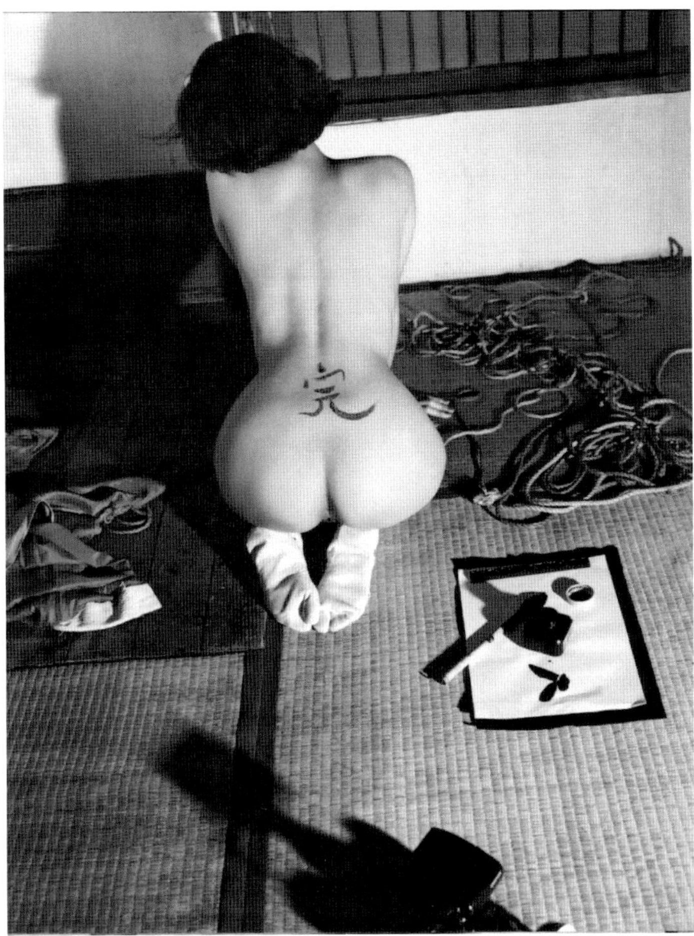

Abb. 20
Nobuyoshi Araki, *o. T. (aus der Serie* „Marvellous Stories of Black Ink"*)*, 1992–1994, Fotografie, © Nobuyoshi Araki, Courtesy Kunstmuseum Wolfsburg

messen an *Abbildung 5* formuliert sich vor allem die nachträgliche Beschäftigung des Künstlers mit seinem Motiv. So wie sich Araki über das Fesseln und die physische Annäherung an die Modelle vor der Aufnahme der Fotografie mit ihnen verbindet, so offenbart und verstärkt der nachträgliche Farbauftrag den schöpferischen, von innen nach außen strebenden, sich materialisierenden Geist. Dieses Insistieren auf die Anwesenheit, die unmittelbare Verbindung von Bildgegenstand, Bildträger und Künstler, die sich über die verschiedenen Gestaltungsmittel äußert, ist vor allem dem Paradigma des neutralen, automatisch hergestellten Abbildes, der Fotografie, geschuldet.

Nicht zu vergessen ist dabei auch die Verunklärung des Sujets, das mit deutlichen Zitaten der Gattungstypen *shunga* und Stillleben zunächst aufgebaut und dann zu gleichen Teilen aufgebrochen wird. So wird zum Beispiel in *Abbildung 5* die Darstellung des explizit sexualisierten Motivs durch die übermalte Scham irritiert und doch auch bestätigt. Das Vertuschen des Schoßes kann als symbolischer Akt der sexuellen Verbindung, aber auch des Entzugs von derselben verstanden werden. Einerseits wird liebkost, andererseits ausgelöscht, wobei die sichtbare Auslöschung unausweichlich dem Berühren folgt. Die Übermalung vereinnahmt den visuellen Zugang zur Lust am Fleisch und macht das Areal gleichermaßen zum Bereich erfüllter wie unerfüllter Erwartungen. Es steht wie die Kalligraphie für zwei sich ausschließende und gleichzeitig einander bedingende Aspekte. Aspekte, die sich im *erotos* formuliert finden. Für den Betrachter erfüllt sich in dem Schwärzen, im Verhüllen ein bleibendes erotisches Moment. Der weiche, blickdichte Auftrag der Tinte kommt dem Erotischen in seiner sinnlichen Verhüllung entgegen, sorgt aber auch für einen nicht abreißenden Sog im Bild. Dieser lässt das uneingelöste Vergnügen, das durch die Augen des Modells versprochen ist, immer wieder ins Leere laufen und evoziert so ein Gefühl der Oberflächlichkeit oder kurzsichtigen Triebgesteuertheit.

Diese Art der Spiegelung rekurriert auf einen surrealistisch geprägten Umgang mit dem Begriff der Begierde. Dieser Umgang lässt sich zunächst mit dem Einfluss der vorrangig europäisch geprägten surrealistischen Avantgarde auf die japanische Kunst verstehen. Dabei ist auch hier für Künstler seit den 1960er Jahren eine Faszination für eine absurde und obsessive Idee von Sex, Traurigkeit und Tod festzustellen.[114] Sich dem Begriff der Begierde quasi surrealistisch zu nähern, ermöglicht außerdem das bereits behandelte „Zerstückeln“ bzw. Fragmentieren, was eine gängige Technik der Surrealisten war. Auf diese Weise verleibten sie sich den weiblichen Körper metaphorisch lustvoll ein, womit sie Freuds Erkenntnis von der Übertragung des „ganzen“ sowie des „zerstückelten“ Körpers[115] in sexuelle Phantasien bis hin zur Ausbildung von Fetischismen thematisieren. Noch wichtiger scheint dabei die Mitverhandlung der sich dieser Theorie

---

114 Munroe, Alexandra: Japanese Art after 1945. Scream against the sky. Kat. Ausst. Sogo-Bijutsokan Yokohama, Guggenheim Museum New York u.a., New York 1994. S. 189.

115 Schade, Sigrid: Der Mythos des „Ganzen Körpers“. Das Fragmentarische in der Kunst des 20. Jahrhunderts als Dekonstruktion bürgerlicher Totalitätskonzepte. In: Barta, I./Breu, Z./Hammer-Tugendhat, D. u.a. (Hrsg.): Frauen, Bilder, Männer, Mythen. Kunsthistorische Beiträge. Berlin 1987. S. 250. (Im Weiteren: Schade, 1987)

verwehrenden Gesellschaft zu sein. Der eitle Konservatismus, sexuelle Lust ausschalten zu wollen, wurde von Freud als blasierter Narzissmus verstanden und von den Surrealisten vorgeführt.[116] Ein ähnlicher oder zumindest gesellschaftskritischer Ansatz sieht sich wohl auch in der Forschung zu Araki formuliert, wenn die Fesselungen mit den einschnürenden Zwängen der japanischen Gesellschaft verglichen werden.[117]

Der hier angeführte Vergleich zwischen *Abbildung 5* und dem Bild aus der Serie *Marvellous Stories of Black Ink* konnte Arakis Bezug zur Kalligraphie über das bloße Inszenieren eines entsprechenden Arrangements und impulsiv wirkende, unkonkrete Form- und Farbaufträge klarer herausarbeiten. Damit können auch solche Fotografien in diese Thematik miteinbegriffen werden, die weder konkrete Zeichen auf der Haut der Modelle, noch unkonkrete Pinselführungen auf der Fotooberfläche, sondern bespritzte und verlaufende Farbspuren auf den Körpern der Modelle selbst vorweisen. Allerdings scheint es beim bemalen der Körper weniger um eine Fragmentierung zu gehen. Hier steht der gestalterische Einfluss und das Unmittelbare für Autor und Modell im Vordergrund. Angespielt wird damit auf Arakis wiederholt erwähntes Verständnis des weiblichen Körpers als Leinwand, auf der mittels *kinbaku*-Fesseln Bilder kreiert werden.

Die Fotografie *Abbildung 21* zeigt eine Frau, deren Torso mit schwarzen Stricken gefesselt ist. Von ihrem Nacken her verläuft bläulich-grüne Farbe über ihre helle Haut. Während sie mit weißem Licht ausgeleuchtet ist, erscheint der Hintergrund in einem dunklen Türkiston. Auch hier begegnen dem Betrachter starke Kontraste durch das Nebeneinanderliegen von schwarzen Fesseln und weißer Haut und durch die kräftige Hervorhebung derselben vor der dunkleren Wand, wobei die auf den Körper aufgetragene Farbe sich harmonisch auf den Hintergrund bezieht. Diese Mechanismen sind in dieser Arbeit bereits wiederholt beschrieben worden.

Der impulsive Duktus, der sich im Auftrag der Farbe zeigt, überantwortet der Dargestellten mehr die Funktion eines weißen Blattes Papier, einer Projektionsfläche, als es bei den vorangegangenen Werkbeispielen der Fall gewesen ist. Eine dafür exemplarische Form ist im vorgestellten Werk in den geschlossenen Augen der abgebildeten Frau zu finden. In den niedergeschlagenen Liedern kulminieren gleich mehrere Aspekte, die

116 Schade 1987, 250f.

117 Vgl. Miki, 2005. S. 15.

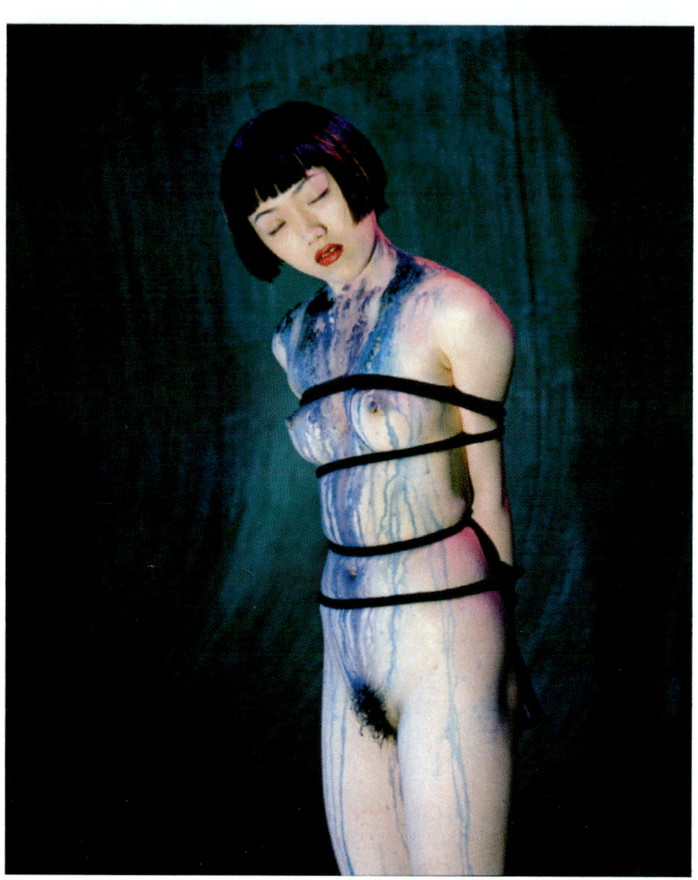

Abb. 21
Nobuyoshi Araki, *o. T.*, o. *J.*, Fotografie, © Nobuyoshi Araki

die Bildlichkeit des Bildgegenstandes und -trägers thematisieren. Einmal wird das Modell zur geschlossenen Oberfläche, was sie dem Papier bzw. der Leinwand annähert. Zudem „sieht" man bei geschlossenen Augen Bilder, die gedanklich erzeugt werden. Damit steht die Gefesselte in einer ambivalenten Beziehung zu dem, was sie darstellt. Ist sie Malgrund oder Idee?

Eine weitere Ebene kommt hinzu, wenn das Schließen der Augen als eine verstärkte Empfindung der eigenen Körperlichkeit[118] gedeutet wird. Für Arakis Bild lässt sich dies zusätzlich

118 Stephanie Marchal bezieht sich in der Besprechung einer Figur mit niedergeschlagenen Liedern auf Merleau-Pontys Ausführungen zu geschlossenen Augen im Bild. Sie unterstreichen das Erfahren von Körperlichkeit. (Vgl. Merleau-Ponty, Maurice: Das Auge und der Geist. Philosophische Essays. Hamburg 1984); Marchal, Stephanie: Gustave Courbet in seinen Selbstdarstellungen. München 2012. S. 179. (Im Weiteren: Marchal, 2012)

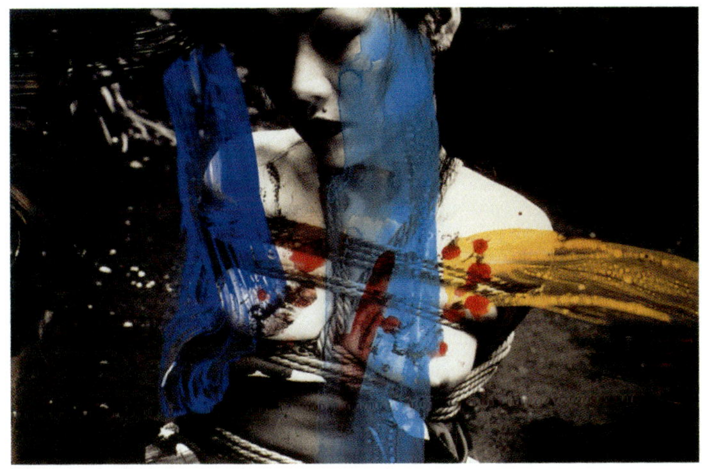

Abb. 22
Nobuyoshi Araki,
o. T., o. J., Fotografie,
Farbauftrag

in der Körperhaltung der Dargestellten verdeutlichen. So zeigen der geneigte Kopf und die entspannt geöffneten Lippen ein Nachspüren, ein konzentriertes nach innen Blicken. An den kontemplativen Zweck der Fesseln ist dabei ebenfalls erinnert. Die Versunkenheit wirkt authentisch und nicht theatralisch. Marchal bemerkt hierzu und in Bezug auf Michael Fried weiter, dass sich die Protagonisten besonders im Verschließen der Augen ihres Status des für den Rezipienten Gemachtseins entheben.[119] Die Gefesselte wird als Bild verstanden und nähert sich ausgerechnet in ihrer Nicht-Inszenierung dem Betrachter an. In dieser Art und Weise der Inszenierung wird ein weiterer Aspekt der Bildlichkeit reflektiert, der hier nur vor dem Hintergrund der praktischen Übermalung angeregt wurde und im Kapitel zum Thanatos unbedingt Erläuterung und Vertiefung erfahren muss. Der Objektcharakter, der im Moment erst einmal vorausgesetzt werden muss, versteht die Frau als Bild-im-Bild. Sie wird zu einem Symbol.

Diese Verhältnismäßigkeit wird besonders durch die noch unverhandelten verbindenden Übermalungen von verschiedenen eigenständigen Bildern gefesselter Frauen und Blumenstillleben bekräftigt. Zunächst soll hier eine einzelne mit diversen Farben gestaltete Fotografie in den Blick genommen werden. Die Fotografie *Abbildung 22* zeigt in zentraler Position eine gefesselte Frau mit entblößtem Oberkörper. Sie wendet den Blick seitlich ab und ist im Dreiviertelprofil zu sehen. An Schulter und

119 Marchal, 2012. S. 179.

Brust reißt das Weiß der Überbelichtung enorm aus, während sich ihre Augen fast in der Dunkelheit des Schattens verlieren. Trotz dieser großen Kontraste ist die Struktur des Seils detailliert eingefangen. Der wässrige und schnell ausgeführte Farbauftrag konzentriert sich auf den Bereich, den die Frau einnimmt. Dass dazu die Haut an manchen Stellen strahlend weiß erscheint und die Fasern der Fesseln so gut herausgearbeitet sind, erinnert wiederholt an eine Leinwand, wobei die Oberfläche der Fotografie als Reproduktion dieser zu verstehen ist. Bei den aufgetragenen Farben handelt es sich um zwei verschiedene Blautöne, Gelb, Rot und Schwarz. Die vier Farben besetzen das Bildzentrum bzw. führen zu diesem hin (gelb), lassen dabei aber die Fotografie durchschimmern. Das Hellblau liegt genau auf der Mittelsenkrechten und führt je nach Perspektive aus dem Bild heraus oder in das Bild hinein bis unter das linke Auge der Gefesselten. Über die rechte Brust und Schulter verläuft ein ebenfalls senkrecht angesetzter dunkelblauer Pinselstrich, der auf Höhe der Taille der Bewegung des Kimonos folgt. Auf der Brust ist das Rot in Sprenklern auf dem Bild platziert. Es überlagert die anderen Farben. Das Schwarz ist an den beiden seitlichen Rändern aufgetragen und verschleiert den ohnehin schon diffusen Hintergrund. Zudem lässt sich ein schwarzer Farbauftrag im Bereich der nackten rechten Schulter erkennen, wobei schwer auszumachen ist, ob er direkt auf die Haut oder auf die Fotooberfläche aufgetragen ist.

Araki rahmt, verschleiert und führt den Blick. Mit den geschwärzten Rändern verhüllt er den Hintergrund und schafft einen malerischen Rahmen für die ebenfalls teilweise durch Farben bedeckte Person. Doch auch die Farben scheinen das Gesicht oder zumindest den wegführenden und versunkenen Blick zu untermalen. Dabei ist der Kopf von den Blautönen seitlich eng eingespannt, derweil das Gelb in Verlängerung der Fesseln über dem Dekolleté den unteren Rand dieser im Bild ausgeführten Rahmung andeutet. So entsteht eine Blickregie hin zum Gesicht, während sich gleichzeitig die restlichen Bereiche der Fotografie durch die Kreuzungen der Farben zwischen Betonung und Verdeckung verspannen. Ähnlich *Abbildung 5* erscheinen die Farbaufsetzer impulsiv bereits vorhandenen auffallenden Bildformen folgend, was einen unbedingten Willen zur Betonung unverkennbar macht.

Doch liegt in der Übermalung von Bild bestimmenden Bestandteilen auch deren Reduzierung, welche wiederum in der Fokussierung der unbehandelten Bereiche der Fotografie mündet. Der höchst impulsive Duktus des Farbauftrags ist auf die nahezu gänzlich verdunkelten Augen gerichtet. Das Impulsive, oder besser das Intuitive, spielte bei der Analyse des zweiten Werkbeispiels und der Etablierung eines authentischen Charakters des Bildes eine Rolle. Vor dem Hintergrund kann dieser Impuls nun deutlicher gefasst werden. Hilfreich und fruchtbar stellt sich dafür ein Vergleich mit dem österreichischen Künstler Arnulf Rainer dar. Sein Œuvre wird ebenfalls von Übermalungen verschiedener Vorlagen dominiert. Viele Aspekte seines Wirkens lassen sich auf hier herausgestellte Positionen zu Araki wie das Intuitive und der Einfluss der Künstlerhand anwenden.

Rainer entwickelte ausgehend von seinen in den 1950er Jahren geschaffenen Blindzeichnungen die späteren Übermalungen. Bereits die in absoluter Dunkelheit geschaffenen Bilder verweisen auf eine unmittelbare Schaffenskraft des Intuitiven, indem er sich dem Herstellungsmoment weitestgehend entzieht.[120] In der Dunkelheit zu zeichnen, bildet eine frappierende Analogie zur Aufnahme eines fotografischen Bildes, welches ebenfalls in einer schwarzen Abgeschlossenheit, und zwar in der des Fotoapparats und der Rotlichtkammer, entsteht. Zeichenstift wie Knopfdruck entledigen sich weitestgehend des Künstlers. Ersteres entbehrt das Auge und letzteres die führende Hand. Beide Künstler erweitern die für sich stehenden Ergebnisse durch zusätzliche Übermalungen. Bei Rainer gelangen sie auf diesem Wege, so Corinna Thierolf, in einen „Kontext eines gedehnten kontemplativen Wahrnehmungsprozesses“[121]. Hierin verdeutlicht sich eine Kommunikation mit der Vorlage.[122] Auch dieses Moment wurde vorhergehend unter dem Aspekt der Zeitlichkeit, die speziell für das Medium der Fotografie eine Rolle spielt, und der Künstlerhand im bzw. auf dem Bild bei Araki besprochen.

Das formale Resultat erscheint vielleicht fahrig und impulsiv, doch steht es für das Vorhaben, das Sujet zu erweitern. Außerdem hat die Analyse gezeigt, dass die erfolgten malerischen Setzungen vermeintlich formal vernachlässigte Bereiche des fotografischen Sujets betonen und so in ein ambivalentes Verhältnis von Sichtbarkeit und (fast vollständiger) Unsichtbarkeit gelangen. Damit ist der Bogen hin zum Phänomen des *Unzugänglichen* erneut geschlagen.

---

120 Thierolf, Corinna: Unio mystica. Die unaufhörliche Annäherung an das Absolute. In: Bayrische Staatsgemäldesammlungen (Hrsg.): Arnulf Rainer. Der Übermaler. Ostfildern Ruit 2010. S. 17. (Im Weiteren: Thierolf, 2010)

121 Ebd. S. 17.

122 Ebd. S. 18.

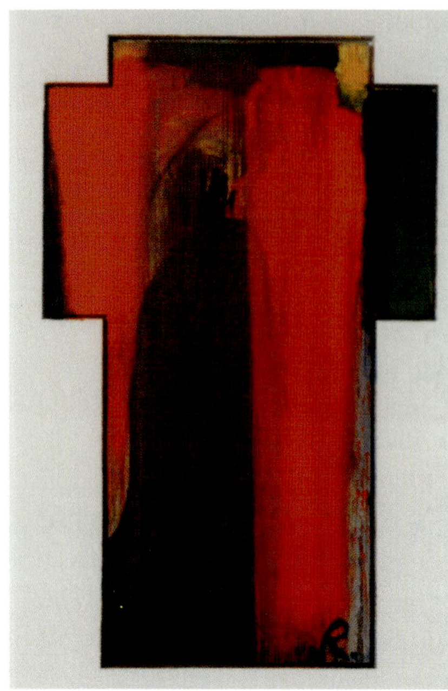

Abb. 23
Arnulf Rainer, *Kreuzbild, rot, rechts mit Hand*, 1990, Holz, Papier, Aluminium, © Atelier Rainer

Bei Rainer gibt es ähnliche Verhältnismäßigkeiten. Nachdem er sich dem Übermalen der eigenen Bilder gewidmet hatte, wendete er sich Reproduktionen von großen Werken der Kunstgeschichte zu. Dabei beobachtet Thierolf einen „doppelten Abdruck [von] Rainers Hand“[123], der sich in der Übermalung selbst in Form eines Handabdrucks und in der zusätzlichen Signatur durch ein „R.“ kennzeichnet. Sie bespricht dies am Beispiel des übermalten Christus am Kreuze (Abb. 23), bei dem sich der Künstler durch diese doppelte Vergewisserung nicht nur mit dem Vorbild, sondern auch mit der Leidensfigur selbst in Verbindung setzt.[124]

Auch Araki baut eine Beziehung zu seinen weiblichen Fotomodellen auf. Gezeigt haben dies Aspekte wie das Fesseln, das Aushalten des direkten Blicks und das Verweisen auf seine Person durch nicht perfekte Aufnahmen oder Atelierwände. Die Übermalung nahm bei der Besprechung von *Abbildung 5* dabei eine besonders intime Bedeutung des exklusiven Moments zwischen Modell und Künstler ein. Der Farbauftrag wirkt wie ein Markieren, ein Signieren, das gleichzeitig sein Wissen um das Übertuschte kommuniziert.

Ein Aspekt von Rainers Kunst, der sich für die Betrachtung Arakis zusätzlich vergleichbar und verständnisfördernd gestaltet, ist die Art und Weise, wie Rainer formal arbeitet. Zum Beispiel akzentuiert er das herausgelöste und vergrößerte Portrait des Gemäldes *Madame de Pompadour* von Boucher, indem er den Schmuck ihrer reich verzierten Frisur durch die Reproduktionsart mehr hervorstechen lässt und durch die Übermalungen die Aufmerksamkeit des Betrachters auf das Augenpaar und damit auf den Blick der Dargestellten lenkt.[125] Rainer verwendet dazu ebenfalls eine durchscheinende, eher lasierende Form der Übermalung. Das Darunterliegende bleibt unter einem Farbschleier sichtbar. Auch wird der Bereich des Gesichtes der Dame durch

123 Thierolf 2010, S. 20.

124 Ebd. S. 21.

125 Ebd. S. 23f.

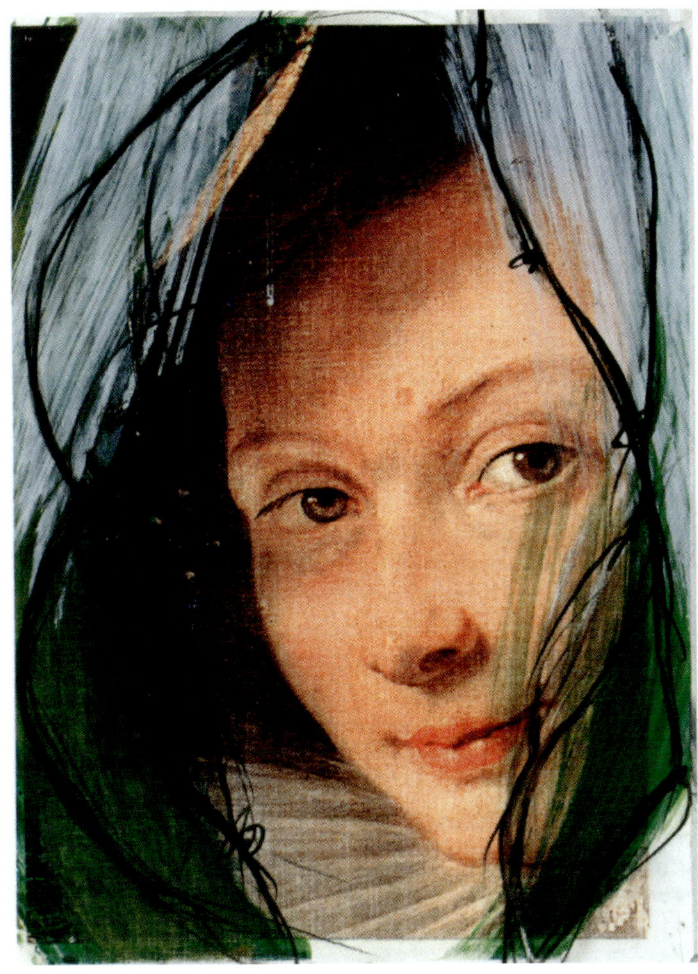

Abb. 24
Arnulf Rainer, *Frau aus Flamen (*Übermaltes Detail aus Peter Paul Rubens *Rubens und Isabella Brant in der Geißblattlaube)*, 2010, Holz, Papier, Aluminium, © Atelier Rainer

seitliche Farbaufträge gerahmt, was sich für alle Bilder dieser Serie von berühmten Köpfen großer Werke feststellen lässt. Die Beschreibung zu ***Abbildung 21*** hat ganz ähnliche Gestaltungsmittel gezeigt, wobei auch Araki die vorgegebene Form gestalterisch nachvollzieht.

Als letztes soll das Übermalen des weißen Randes innerhalb Arakis und Rainers Œuvre von Interesse sein. Das Bild ***Frau aus Flamen*** (Abb. 24) vereint die eben zu ***Madame de Pompadour*** geschilderten formalen Aspekte mit der Randübermalung. Rainer tritt regelmäßig über die Fläche des Drucks der limitierten Reproduktion hinaus. Damit verbindet er die Replik, die für das Original und damit für die Vergangenheit steht mit der Gegenwart, welche durch den künstlichen weißen Rand des Passepartouts versinnbildlicht ist.[126] Rainer setzt durch seine Erweiterung ein Bild, dessen ursprünglicher raum-zeitlicher Kontext sich durch die Reproduktion ohnehin schon gewandelt hat, in einen neuen. Dieser reflektiert vor dem Aspekt der Zeitlichkeit den neuen Status der Kopie, und erweitert diesen, da die Reproduktion durch die Übermalung eine inspirierende Eigenständigkeit erlangt.

Bei Arakis Fotografien geht es zwar nicht um Reproduktionen von Kunstwerken, so doch aber um eine assoziative Erweiterung der durch ihn selbst aufgenommenen Bilder. Allerdings wird dafür nicht allein der Farbauftrag funktionalisiert. Er ist dabei vor allem Mittel zum Zweck, ein Potential zu entfalten, das sich durch die Enthebung des raum-zeitlichen Kontinuums eines Bildes ergibt. Dies vollzieht sich in der malerisch-impulsiven Verbindung mit einem weiteren Bild. Bei Araki wird mit dem Übermalen des weißen Randes eines Sujets in der Regel auch an ein gegenübergestelltes Bild angeknüpft. In dem Nebeneinander wird der Inhalt des einen Sujets assoziativ mit dem des anderen verquickt. Indem Araki vormals unverbundene Dinge zusammenfügt, arbeitet er die expressiven Potentiale des gewählten Gegenstandes heraus.[127] Die einzelnen Bildkontexte erweitern sich gegenseitig in ihrer Bedeutung und Lesbarkeit. Einmal wird in der kontextfremden Zusammenführung der jeweilige Bezugspunkt unterlaufen, während gleichzeitig genau darin das Verständnis der einzelnen Bilder wurzelt.[128] Wie dies formal in den konstruierend-impulsiven Übermalungen gelöst wird, soll hier analysiert werden.

Abbildung 25 besteht aus zwei Schwarz-Weiß-Fotografien, die durch das übergreifende Auftragen von verschiedenen Farben miteinander zu einem Werk verbunden werden. Das Bild einer gefesselten, teilweise entblößten und direkt in die Kamera blickenden Frau links steht dem eines Blumenstraußes in einer Vase gegenüber. Das Modell füllt ebenso wie das ihr gegenübergestellte Hochformat nahezu aus. Mit der grafischen Fülle auf der linken und der strukturlosen Leere auf der rechten Seite bilden die Bilder einen Kontrast zueinander aus. Wobei die Fesseln das Linienmotiv, das durch die Tatami Matten ins Bild kommt, auf den Körper der Frau erweitern. Vorder- und Hintergrund nähern sich einander an, während die Blumen vor einer nüchternen, weißen Wand stehen.

---

126 Thierolf 2010, S. 22.

127 Miki, 2005. S. 16

128 Stearns, 1995. S. 82 f.

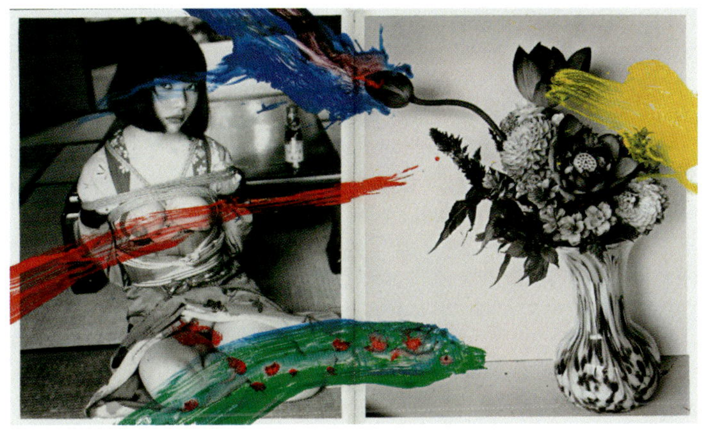

Abb. 25
Nobuyoshi Araki, *o. T. (aus der Serie* „Kinbaku Raisan"), 2008, Fotografie, Farbauftrag

Darin wird eine gewisse Vergleichbarkeit mit vorangegangenen Strategien sichtbar, die Frauen ihrem Umfeld meistens durch Farbigkeit oder Lichtverhältnisse anzugleichen. Hier beispielsweise wird dies innerbildlich durch die Analogie des Grafischen erzeugt. Weiterhin spiegelt das Blumenmotiv des Kimonos das Sujet seines Partnerbildes. Zu der formalen Gegenüberstellung von Fülle und Leere kommt außerdem die von Belebtheit und Unbelebtheit, die im Zusammenspiel mit dem formalen Aufbau das Belebte zu einer Grafik zu planieren scheint. Wohingegen sich die Schnittblumen, also das Unbelebte, plastisch und lebensecht in reliefartiger Form vor dem weißen Hintergrund des Fotos erheben. Formal nimmt das Blumenbild durch eine geschlossene Tulpe Bezug zum Gegenüber, die weit hinaus bis an den linken Bildrand ragt und sich in gleicher Höhe wie das Gesicht der Frau befindet. Explizit wird dies durch eine verbindende Übermalung, die, ausgehend von der herausragenden Tulpe durch ein Blau-Rot-Gemisch, den Blumenstrauß und die Frau in einen unmittelbaren Bezug zueinander setzt. Die restlichen Farbaufträge touchieren die Brüste, die Scham (Rot) und die Beine (Grün mit roten Punkten). Wässrig und an vielen Stellen nicht deckend erscheint der Farbauftrag zudem wieder impulsiv und schnell gesetzt. Die Augen blicken durch einen dünnen blauen Schleier, die Brüste, sowie die Scham und die Beine sind weiterhin zu erkennen. Ein weiterer Farbauftrag auf der Seite der Blumen befindet sich am rechten Bildrand. Seine gelbe Farbe geht von einer aufgeblühten Tulpe aus, deren Kopf sich oberhalb des geschlossenen Bouquets befindet und erstreckt sich voluminöser werdend an der Grenze des Straußes entlang bis über den Bildrand hinaus. Betrachtet man dabei beide Bilder zusammen, ist zu erkennen, dass dieser Farbauftrag etwa auf derselben Höhe wie das Gesicht der Gefesselten ausgeführt wurde. Somit gibt es zwei Instanzen, die unmittelbaren Bezug auf die Position des Gesichtes nehmen. In der Lücke zwischen den Bildgegenständen, die vor allem durch den an den rechten Rand gerückten Strauß entsteht, sind jeweils die Anfänge oder Enden der drei Pinselführungen platziert. Sie bekommen einen eigenen Bildraum, der aus einer vermeintlich zweiteiligen eine dreiteilige Vereinigung zu machen scheint.

Anhand der Beschreibung und der angeführten Verweise werden viele vorher verhandelte Punkte wiederholt deutlich. Zusammengefasst verdecken und betonen die Übermalungen die weiblichen Reize und den direkten Blick der Frau. Es erfolgen formale Verschmelzungen oder Kontrastierungen, indem die Eigenschaften des Gezeigten aufgenommen oder aufgehoben bzw. in ihr Gegenteil verkehrt werden. Ebenfalls bereits behandelt wurde die Gegenüberstellung von Belebtem und Unbelebtem in einem Bild, welches eine Erweiterung erfährt. Von diesem letzten Punkt ausgehend, gestaltet sich die Ausrichtung des nächsten Kapitels.

3.5 Das Thanatos-Moment

Wie schon ausgeführt, beschäftigt sich der Künstler in einigen seiner Serien mit der Gegenüberstellung von Aspekten der Liebe (Eros) und der Sterblichkeit (Thanatos). Beide Begriffe sind bereits spannungsvoll von Gegensätzlichkeiten durchzogen[129], was

129 Eros steht in der griechischen Mythologie für die Liebe und das Begehren. (Grant, Michael: Lexikon der antiken Mythen und Gestalten. 1990. {s. v. Eros} S. 142. (Im Weiteren: Grant, 1990) Thanatos ist der Todesengel, der die Sterblichen aufsucht, wenn ihre Zeit gekommen ist und sie Hades, dem mythologischen Gott der Unterwelt, überreicht. (Grant, 1990 {s. v. Thanatos} S. 395.) Die unausweichliche Verbindung der beiden lässt sich bereits in der Betrachtung jedes Einzelnen ablesen. So fällt es dem Eros, der innerhalb des Hellenismus zusehends romantisierten Figur des geflügelten jungen Knaben mit Pfeil und Bogen zu, dass er mittels vergoldetem Pfeil die Liebe entzünden und mittels eines bleiernen Pfeils dieselbe enttäuschen kann. (Grant, 1990 {s. v. Eros} S. 142.) Da Eros auch für die geschlechtliche, körperliche Liebe steht, ist er dafür verantwortlich, neues Leben zu schenken oder zu verwehren. Bei der Figur des Thanatos gibt es ebenfalls eine solche Überschneidung von Leben und Tod. In dem Moment des letzten Atemzuges tritt der Engel an den Todgeweihten heran und erfährt so immer wieder das irdische Vergehen. Eros erzeugt das Prinzip Liebe und damit auch Leben und Entstehen bzw. Zeugung. Dadurch steht er in enger Verbindung mit dem unausweichlichen Tod, dem Thanatos. (Küster, Ulf: Glossar zu {Thanatos/Tod}. In: Fondation Beyeler/BA~CA Kunstforum (Hrsg.): Eros in der Kunst der Moderne. Kat. Ausst. Fondation Beyeler, Riehen/Basel u. a. Ostfildern-Ruit 2006. S. 130.)

sich in der Verschmelzung durch die von Araki geprägten Trope des *erotos* weiter verdeutlicht. Derartige Zwei- bzw. Mehrschichtigkeiten haben sich bereits innerhalb verschiedener Elemente seiner Arbeit offenbart. In der hier angestrebten Untersuchung des Thanatos-Momentes soll zum einen diese wechselseitige Durchdringung und ihre Bedeutung für die Sujets herausgearbeitet bzw. die Frage nach der Gattung gestellt werden. Denn die sich widerstrebende Gleichzeitigkeit von Leben und Tod des *erotos* erinnert an Aspekte, die besonders in dem Genre des Stilllebens eine Rolle spielen.

Nun stehen sich bei Araki nicht ausschließlich leblose Gegenstände gegenüber, sondern Frauen beschreiben das Zentrum seiner Arbeit. Zunächst einmal muss deutlich gemacht werden, welche Auswirkung die Art der Gegenüberstellung von Mensch und Utensil bei Araki hat. So zeichnet sich das erste Abbildungsbeispiel hierzu, ***Abbildung 5***, dadurch aus, dass die einzelnen Elemente widersprüchlich zu ihrer eigentlichen Konstitution ins Bild gerückt werden. In diesem Werkbeispiel zeigt sich die Regung der Frau als unnatürlich eingefroren und verweist durch die Unschärfe sehr stark auf das Fotografiert- oder Objekt-Sein, während die Zeicheninstrumente durch den fotografischen Naturalismus haptisch und lebensecht wirken. Zudem wird ihnen Leben eingehaucht, indem sie für das veränderliche Moment im festgeschriebenen Bild stehen. Der Akt des Malens bringt das Stillleben mit dem nachträglichen Farbauftrag in Verbindung und schreitet so über die reine Abbildfunktion hinaus. Unbelebtes erweitert hier durch einen schöpferischen Vorgang das Lebendige hin zum Toten. Der *vanitas*-Gedanke bzw. die Figur des Thanatos ist sinnbildlich formuliert.

Unterstützt wird dies besonders durch die Aspekte der Sinnlichkeit und Morbidität der zur Kalligraphie ausgeführten Bedeutung sowie durch die Farbsymbolik, die sich dem Eros und Thanatos einschreibt. Das Schwarz steht für den Todesengel[130] und das Rot für den Eros. Sie besetzen durch die Übermalung eine gemeinsame Stelle im Bild. Die Tinte wurde auf den Bereich des Bildes gesetzt, wo sich ursprünglich das rosarote Fleisch der Vulva befunden hat. Der Ort der körperlichen Lust und der Geburt wird durch den Auftrag zum einen erotisiert und zum anderen zu einem beängstigenden Sog einer tiefen Leere.

---

130 Thanatos trägt als Todesengel einen schwarzen Umhang. (Vgl. Grant, 1990 {s.v. Thanatos} S. 395)

Mit der Thematisierung des Farbauftrags gerät das Moment des Fragmentierens ein weiteres Mal in den Fokus. Auch im vorliegenden Fall lässt es sich als ein Auslöschen durch Hinzufügung und damit erneut als Verweis auf die Materialität und Medialität des fotografischen Bildes verstehen. Darauf nehmen außerdem die Fehlerhaftigkeit und der direkte Blick der Gefesselten Bezug. All diese Kulminationspunkte, durch die das Medium thematisiert wird, verweisen implizit auf Roland Barthes' Beobachtungen und Überlegungen zur Koinzidenz von Foto und Tod. Vergleicht Barthes doch das Auslösen einer Fotografie mit dem „plötzlichen Eintauchen in den buchstäblichen TOD [sic]"[131]. Damit wäre die Fotografie das geeignete Medium zur Herstellung einer *nature morte*. Was in einer Stilllebenmalerei an Bedeutung durch die symbolische Kennung von Gegenständen generiert wird, kann gewissermaßen durch die Eigenheit des fotochemischen Prozesses, etwas wirklich Dagewesenes aufzuzeichnen, geleistet werden. Die Analogie verdeutlicht sich insbesondere dann, wenn etwas Inszeniertes oder Lebendiges fotografiert wurde, das zum Zeitpunkt der Betrachtung des abgezogenen Positivs nicht mehr existiert bzw. vergangen ist. So verhandelt die Medialität der Fotografie den Fluss der Zeit und damit die Vergänglichkeit ebenso wie die Symbolik eines *vanitas*-Stilllebens[132].

Nun befindet sich in der besprochenen *Abbildung 5* das bereits behandelte Tintenfassarrangement in einer besonderen Stellung. Durch seine Positionierung und Funktion im Bild kann es als spezielle Form eines Stilllebens angesehen werden. Das Tintenfass ist neben der Frau, am Saum ihres Kimonos platziert. Der geöffnete Flakon, die Tusche und der dicke Pinsel, der mit seinen sauberen Borsten auf das Ende des nachträglichen Farbauftrags weist, wirken artifiziell hinzugefügt und drapiert. Dieser Eindruck entsteht dadurch, dass sie zum einen für den Fesselvorgang vor der Kamera keinen Nutzen erfüllen und zum anderen formal so inszeniert sind, dass sich das Tintenfass vor dem Saum des hellen Kimonos gut erkennbar abhebt. Hinzu kommt, dass das Tintenfass eingedreht zum Kameraobjektiv steht und dadurch seine raumgreifende und stoffliche Plastizität entfalten kann. Es ist also arrangiert und besetzt einen eigenen Raum im Bild. Dieser selbstständige Bereich ermöglicht es, die

131 Barthes, 2012. S. 103.

132 Wobei natürlich zu bemerken ist, dass auch die Dauerhaftigkeit beispielsweise einer Malerei gegenüber ihren zerbrechlichen Sujets wie Blumen, Insekten oder Kerzenflammen der einer Fotografie vergleichbar ist.

Kalligraphieutensilien als ein Stillleben innerhalb eines größeren Sujets zu klassifizieren. Es zeigt sich ein Bild-im-Bild-Motiv. Dabei wird das gesamte Motiv in seiner Bedeutung erweitert[133]. In der Entbindung seines Zwecks für das Geschehen vor der Kamera liegt ebenfalls ein Charakteristikum dieser Bildgattung.

Wie ebenfalls oben schon erwähnt, destilliert sich die Bedeutung eines *vanitas*-Stilllebens besonders durch das vermeintliche Opponieren von Belebtem und Unbelebtem. Die Betrachtung der Bilder von Araki hat außerdem eine paradox erscheinende Verkehrung von Belebtem und Unbelebtem gezeigt. Die Frau wirkt starr und durch die Verwackelung als Bildobjekt stigmatisiert, während das Stillleben von stofflicher Präsenz strotzt. Auch schon vorher konnten die Fotografien für die Körper mit *kinbaku*-Fesselungen einen Tableau-Charakter entwickeln, was bedeutet, dass der Frauenleib eher als zu gestaltende Bildfläche aufgefasst wird und weniger in seiner weiblichen, raumfüllenden Nacktheit. Neben dem grafisch arbeitenden *kinbaku* und der Inszenierung des Tintenarrangements hat Araki noch weitere Spielformen der Gestaltung angewendet. So kam beispielsweise das Kalligraphie-Stillleben bislang in zwei der hier zu Rate gezogenen Fotografien vor. Beide Male kann es als besondere Form des Bild-im-Bild-Motivs aufgrund seiner Inszenierung und Platzierung verstanden werden. Auch wenn dies in *Abbildung 5* signifikanter erscheint als in dem Beispiel aus der Serie *Marvellous Stories of Black Ink,* in dem die Verwendung und somit das Erscheinen des Arrangements für das Bildgeschehen zur Zeit der Aufnahme in seiner Kohärenz nachvollziehbar ist. In Arakis Œuvre erfährt das Motiv des Stilllebens eine Erweiterung, indem er die bereits erwähnten Spielzeugfiguren in den Fotografien platziert. In dem Bild der *Kaori*-Serie und in *Abbildung 10* handelte es sich beispielsweise um Plastikdinosaurier, die als Alter Ego Arakis oder in der Tradition der humoristischen Voyeurfigur *Maneemon* verstanden werden können. In *Abbildung 6* ist eine riesige Fliege in einem Wandloch zu sehen. Fliegen symbolisieren Kurzlebigkeit, Verderblichkeit und stehen in der östlichen Kunst für die immaterielle Seele. Ein Hauptaspekt dieses Bildes ist neben dem kontemplativen Blick die Verschmelzung der Person mit dem Hintergrund, indem ein blaustichiges Licht für die nötige Angleichung sorgt. Die beigefügte Fliege unterstützt als bekanntes, symbolisch aufgeladenes Insekt der Stilllebenma-

133 John, Barbara: Stilleben in Italien. Die Anfänge der Bildgattung im 14. und 15. Jahrhundert. Frankfurt am Main, Bern, New York, Paris 1991. S. 16.

lerei den Eindruck, der vordergründig durch das Licht evoziert wird, die dargestellte Person sei als Bestandteil eines Objektarrangements zu betrachten. Hierin wird eine weitere Form gesehen mit den Bildbestandteilen lebendige und morbide Momente zu konstruieren.

Doch von dieser Art der Darstellung, die zugunsten der Projizierbarkeit entindividualisiert, kann nicht allein die Rede sein. Die Analyse zum direkt-versunkenen Blick hat bereits gezeigt, dass die objektivierte Frau durch die Einbeziehung ihrer Kontemplativität als eigenständiges Subjekt, als Persönlichkeit vor der Kamera Bestand hat. Auch die Annahme des Alter Ego Arakis im Bild unterstützt die Beziehung, die den Künstler ins Bildgeschehen einbezieht und so im Einklang mit dem ostasiatischen Verständnis steht, welches von einer ständigen Fluktuation zwischen Künstlersubjekt und Bildobjekt ausgeht.[134] Die Person wird also einerseits durchaus ihrer Singularität enthoben. Andererseits jedoch erhält sie durch den dargestellten Kontakt zu ihrem Innern und dem Außen mittels verschiedener Symbole und kanonischer Gestaltungsmittel wie beispielsweise dem Portrait eine Persönlichkeit und kann als ein Individuum verstanden werden.

Die Betrachtung hat gezeigt, dass Arakis Art und Weise zu inszenieren, die Verhältnisse von Belebtem und Unbelebtem verkehrt. Damit verbildlicht er die Ambivalenz des Thanatos-Begriffs und spielt gleichzeitig mit dem Status des Modells, der nicht einfach zwischen Objekt oder Subjekt entscheidet. Das spannungsreiche Moment daran ist, dass ausgerechnet der Mensch selbst in seiner Objektivierung zu einer Abstraktion führt. Die gezeigte Person wird dabei zu einer Allegorie von Lust, Sterblichkeit und Bildlichkeit. Letztere wird durch die Bedeutung des zur Seite gestellten Stilllebens bestärkt. Hinzu kommt die Fotografie, die, wie Barthes postulierte, durch ihre besondere Medialität eine *nature morte* kreiert. So wird die Bildlichkeit auf drei Ebenen befragt: Einmal durch die Präsenz von Stillleben, zweitens in der Verkehrung von Belebtem und Unbelebtem und drittens durch das Medium der Fotografie selbst.

Die Fotografie verstärkt die Zweiseitigkeit des Thanatos-Begriffes, indem sie das Subjekt vor der Kamera zusätzlich objektiviert, obwohl sich die Präsenz eines ganz bestimmten Menschen ein-

---

134 Mersmann, Birgit: Repräsentation und Korrelation. Zum Verhältnis von Bild und Wirklichkeit in Ostasien. In: Belting, H. (Hrgs.): Quel Corps. Eine Frage der Repräsentation. München 2002. S. 237.

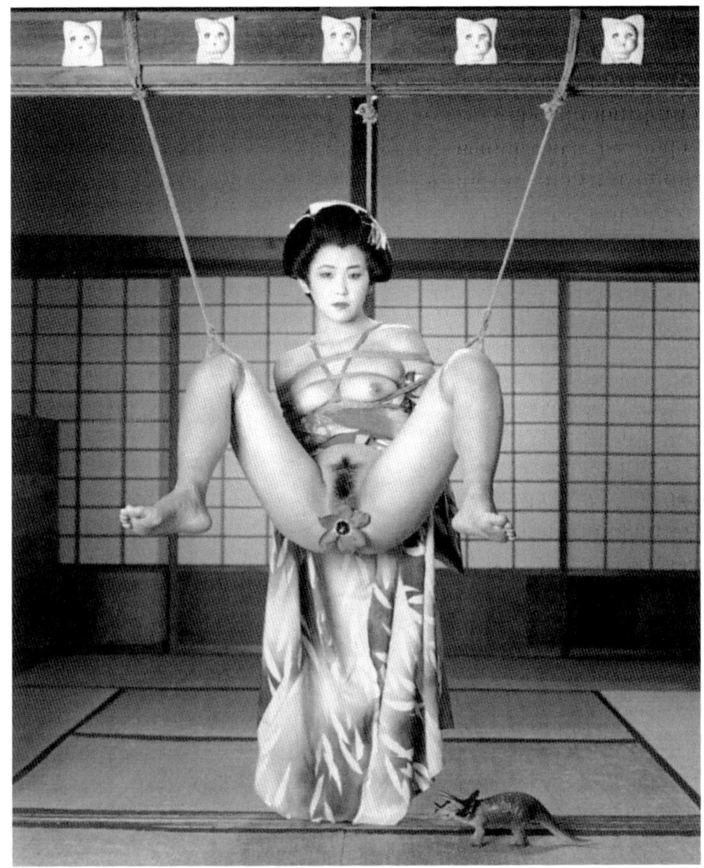

Abb. 26
Nobuyoshi Araki,
o. T., o. J., Fotografie,

geschrieben hat. In der Art der zunächst objektivierenden, also entindividualisierenden Inszenierung der Frau und unter der nachgewiesenen Reflexion des Mediums, kann das Potential gesehen werden, in und mit Fotografien symbolische Aussagen zu treffen. Die Bildwerdung des weiblichen Körpers tangierte dabei die gestalterischen Aspekte des Kimonos und des *kinbaku* sowie bildgebende Mittel wie das Fragmentieren und die Übermalung.

Hier muss ein weiteres, für Araki typisches Moment der Inszenierung herausgestellt werden. Neben der Verbindung von Frauenbildern mit denen von Blumen durch Übermalungen, arrangiert er Blumenbilder auch innerhalb einer einzelnen Fotografie: als Beiwerk und am Körper selbst. So zeigt *Abbildung 26* eine Frau mit zum Betrachter hin gespreizten Beinen und einer Blüte vor ihrem Geschlecht. Begleitet wird sie von einem Spielzeugdinosaurierer auf dem Boden. Ausschlaggebend ist die formale Sprache der Bildanlage. In völlig symmetrischem Aufbau begegnet dem Rezipienten diese hochformatige Schwarz-Weiß-Fotografie. Ihr Zentrum bildet die an drei Seilen hängende Japanerin, die mit einem Kimono bekleidet ist, der mehr enthüllt als er verdeckt. Die Blütenblätter in der Vagina verdecken die Schamlippen, jedoch nicht die Intimbehaarung. Das Haupthaar ist streng frisiert und mit einem Kanzashi verziert. Es überlagert mit seinen voluminös nach außen gekämmten Strähnen das obere Ende der Schiebewände. Zu dieser Einfügung kommt hinzu, dass sich ähnlich dem symmetrisch ins Bild gesetzten Interieurs die *kinbaku*-Stricke wie ein Raster über den Oberkörper legen. Es nimmt formalen Bezug auf die grafische Gliederung der Tatami Matten und der Shōji-Papier-Wände im Hintergrund. Zudem wird der Körper der Gefesselten genau von den weißen Flächen der Trennwände eingefasst. Das Kostüm und die Amalgamierung mit den grafischen Elementen der Umgebung lässt die Frau nur noch schwerlich als individuelle Person erscheinen. Vielmehr verschmilzt sie mit ihrem Umfeld, sodass sie selbst als Tableau, als Flächengrund für grafische Muster wahrnehmbar wird. Die Beifügung der Blüte stützt dies insofern, als dass bei dem Körper von einem zu gestaltenden Grund ausgegangen wird. Auf der anderen Seite jedoch befindet sie sich an einer höchst intimen Stelle, was wieder das Miteinander der Akteure im Vorhinein aufgreift und so persönliche Aspekte ins Bild rückt. Doch scheint diesmal die statisch-schwebende Perfektion der Inszenierung derlei Ansprüche fast gänzlich zu überlagern.

Irritierend ist hierbei allerdings die Tatsache, dass nicht wirklich versucht wird, die Scham zu verdecken. Stattdessen wird sie partiell durch eine Blüte überlagert, was zwar für eine unbedingte Handhabung mit Symbolen spricht, doch fast obsolet wirkt, da die Blume in der japanischen Tradition das Symbol der Frau, der Weiblichkeit und des Geschlechtsteils besetzt.[135] Das Verbergen der Scham durch ein auf das Geschlecht verweisendes Symbol nähert sich einer Tautologie an, die gerade noch für einen trivialen Versuch der Poetisierung oder Sublimierung gehalten werden könnte. Doch handelt es sich eindeutig nicht um ein Kitsch-Bild. Denn wie in der christlich geprägten Kunst besetzt die Blume auch in Japan das Motiv der Vergänglichkeit.[136] Zudem zeichnen sich für ein süßliches Bild die Pose zu provo-

135 Burtschell, 2009. S. 133.

136 Ebd. S. 133.

kant, der Blick zu direkt und verschlossen, der Spielzeugdinosaurier zu irritierend und der Verweis auf das Vorangegangene und Vergehende unter Hinzufügung der Blüte und des *kinbaku* zu evident. Und auch der Kimono, die Kanzashi Nadel und die Frisur sind verknüpft mit einem traditionellen Sozialkodex, der eine symbolische und ideelle Identität äußert.[137]

Eros und Thanatos liegen mit dem weiblichen Geschlecht und der Blume in diesem, wie in den anderen besprochenen Bildern dicht bei- bzw. ineinander. *Abbildung 26* wird hier ähnlich *Abbildung 5* insbesondere durch die unmittelbare Verbindung und allzu eindeutige Verwendung von bekannten Symbolen einer Sentenz vergleichbar. Ein ganzes Repertoire an Tropen wird vorgelegt. Araki, so schlussfolgert Bronfen vor dem Hintergrund ihrer Beobachtungen zu den dokumentierenden Serien *Sentimental Journey/Winter Journey*, geht es um die „Produktion und Lesbarkeit kultureller Zeichen“[138]. Das bloße Abbilden eines als Symbol verstandenen Gegenstandes allein reicht demnach nicht aus, um eine entsprechend verweisende Kraft zu erzeugen. Es ist vielmehr das inszenierte, produktive Zusammenspiel der verschiedenen Sinnschichten der einzelnen gezeigten Elemente. *Abbildung 26* hat dies ermöglicht, indem der Körper als Form wahrgenommen als Bild-im-Bild erscheint und damit selbst zu einem Tableau wird. Der individuelle Körper materialisiert die Idee eines weiblichen Körpers und symbolisiert so die ideelle Weiblichkeit. Damit sind die Objektivierung zur Erlangung einer Projektionsfläche sowie die Bestätigung eines Körperbildes ausgeschlossen. Stattdessen wird erreicht, dass der Leib Bedeutung stiften kann, indem er als Bildkörper beispielsweise einem Stillleben vergleichbar wird.

Zwei weitere Bilder oder Körper, bei denen Araki dieses Verständnis ausspielt, sind *Abbildung 27* und *Abbildung 28*. Das erste Bild zeigt einen das gesamte Querformat ausfüllenden weiblichen Körper, auf dessen Haut sich Spuren von Wachs befinden. Von einem geblümten Kimono teilweise umwickelt, liegt eine Frau zwischen Efeu. Die Farben des Kimonos greifen die der Pflanzen und des Wachses auf. Die zweite Fotografie hält einen Moment der Lust fest, in dem sich gerade ein Tropfen weißen Scheidensekrets löst. Vollständig entkleidet durchspannt der

---

137 Tupitsyn, Viktor: Canny Uncanny. Das Heimliche und das Unheimliche. In: Karabelnik-Matter, M. (Hrsg.): Stripped Bare – der entblößte Körper in der zeitgenössischen Kunst und Fotografie. Ostfildern-Ruit 2004. S. 21.

138 Bronfen, 1997. S. 23.

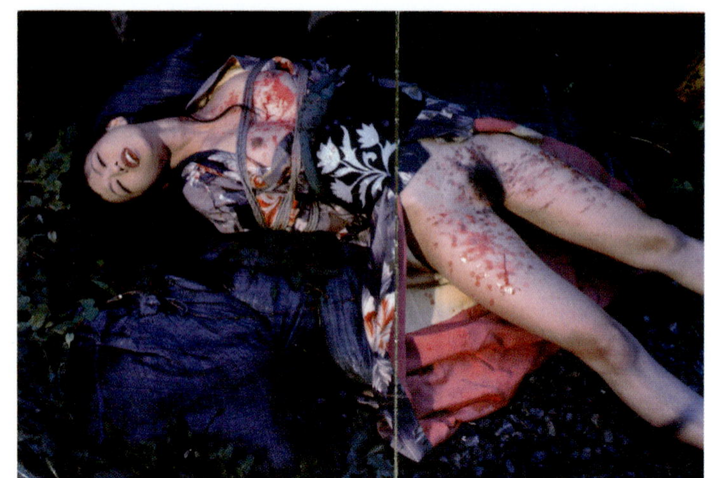

Abb. 27
Nobuyoshi Araki,
o. T., o. J., Fotografie,
© Nobuyoshi Araki

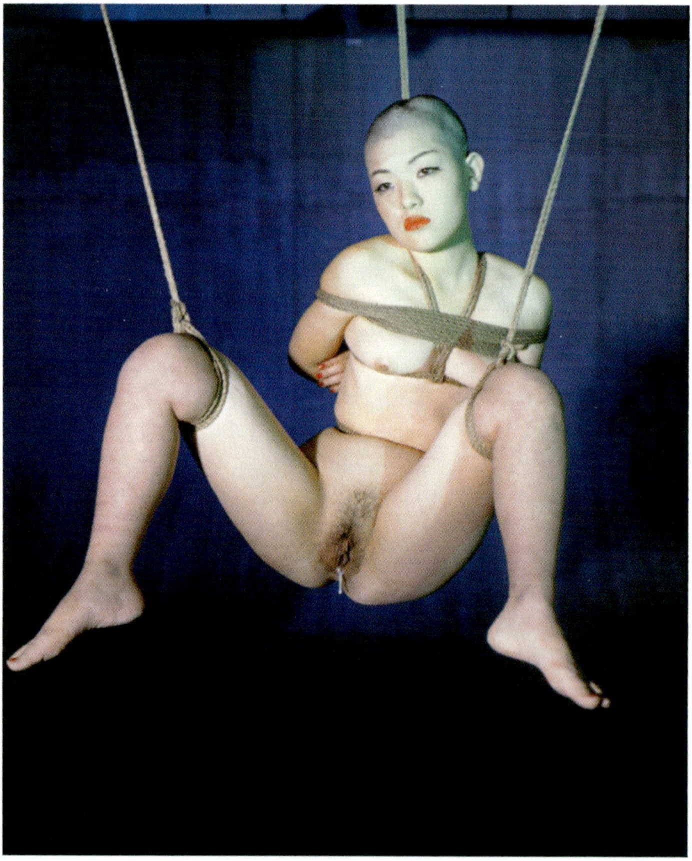

Abb. 28
Nobuyoshi Araki, *o. T.*
(aus der Serie „Kinbaku“), 1993, Fotografie,
© Nobuyoshi Araki

Körper des Modells das Format. Ihre helle Haut setzt sich klar vor dem dunklen Hintergrund ab. Beide Motive können als der jeden Moment erlöschenden Flamme einer Kerze vergleichbar betrachtet werden. Seit dem 17. Jahrhundert ist die Kerze gerade in der christlich geprägten Stilllebenmalerei als *vanitas*-Symbol zu verstehen. Es steht für das unmittelbare Nahen des Todes, die eigene Sterblichkeit.[139] Die geschlossenen Augen, der entspannte Nacken und geöffnete Mund in *Abbildung 27* beschreiben eine völlige Ermattung des Körpers, während der kontemplative Blick im zweiten Bild kontrastvoll dem Lusttropfen gegenübersteht. Derweil im ersten Bild noch unter Zugabe von Requisiten die Symbolkraft des weiblichen Körpers um die des Wachses und des Kimonos angereichert wird, wirkt der Leib hier vor einer nackten Rückwand und ohne jede weitere Zutat. Unposierte Sinnlichkeit und Weiblichkeit beherrschen vor dem Hintergrund der kurzweiligen Aufwallung von Lust die Fotografie. Der Körper der Frau wird nicht zum dekorierenden Objekt, sondern zu einem realistischen Tableau. In Arakis Fotografie wird vor dieser Entwicklung der menschliche Körper zum Ausdruck einer Idee.

Ähnlich arbeiten zwei Künstler, deren Œuvres formal einander ähneln, inhaltlich aber unterschiedliche Aspekte verhandeln: Claus Goedicke und Richard Caldicott. Beide inszenieren in penibler Präzision industriell hergestellte Plastikgegenstände zu Stillleben und fotografieren diese. Dabei steht bei beiden Künstlern die bloße Form im Vordergrund, wobei sie gleichzeitig durch die Art des Fotografierens ihre Dinghaftigkeit verliert. Goedicke taucht sein Ensemble dreier Plastikelemente in *VII-1* (1999; Abb. 29) in eine dunkle und ruhige Atmosphäre. Genau im Bildmittelpunkt, auf einem spiegelnden Untergrund stehend, konzentriert sich die Aufnahme auf die Farbe, die nackte Form und die räumliche Verschränktheit. Durch das gesetzte Licht wird ihre Körperlichkeit präzise aber sanft formuliert, während sie gleichzeitig durch die monochromen Farben flächig wird. Das Räumliche wird zum Schein. Die Farben der Gegenstände und die des Hintergrundes vermischen sich im spiegelnden Grund, sodass sie im Bild, aber auch als Bild ungreifbar werden. So schlussfolgert Finkeldey in seiner Auseinandersetzung mit dieser Fotografie, dass die Gegenstände trotz der Beibehaltung ihrer Hülle soweit abstrahiert werden, dass sie nur noch

139 Petry, Michael: Nature Morte. Stillleben in der zeitgenössischen Kunst. München 2013. S.259.

Abb. 29
Claus Goedicke, *VII-1*, 1999, C-Print, © Claus Goedicke

Bildgegenstand[140], Bildkörper sind. In dieser Homogenisierung verstärkt sich der bei Araki festgestellte Punkt, der Einswerdung bzw. der Angleichung des gefesselten Körpers mit den flächig wirkenden Grafikstrukturen des Raumes ausgelöst durch Licht- und Farbverhältnisse.

Bei Goedicke wird den Behältnissen ihre profane Funktion genommen, was Raum für Imagination öffnet. So befinden sie sich in einer Zone zwischen Gegenständlichkeit und Abstraktion.[141] Caldicott erweitert dies mit seinen Fotografien von Tupperware bis hin zur kontemplativen Kraft einer Abstraktion (Abb. 30). Indem er mittels Nahaufnahmen dieses Geschirrs vor ebenfalls farbigem Hintergrund die Gegenständlichkeit der Dinge auf ihre Flächigkeit reduziert, reizt er die Grenze zwischen Malerei und Fotografie aus. So setzt er eine Reflexion der möglichen Entfernung der Fotografie von ihrem chemisch-mechanisch bedingten Abbild der gegenständlichen Wirklichkeit um.[142]

Von einer solchen Steigerung bis in die Abstraktion kann bei Araki natürlich nicht die Rede sein. In der hier veranschaulich-

---

140 Finkeldey, 1998. S. 11.

141 Mueller, Jessica: La Soupe de Daguerre. In: Staatliche Kunsthalle Baden-Baden (Hrsg.): Lautlose Gegenwart. Das Stilleben in der zeitgenössischen Fotografie. Kat. Ausst. Staatliche Kunstalle Baden-Baden. Baden-Baden 1999. S. 38. (Im Weiteren: Mueller, 1999)

142 Ebd. S. 39.

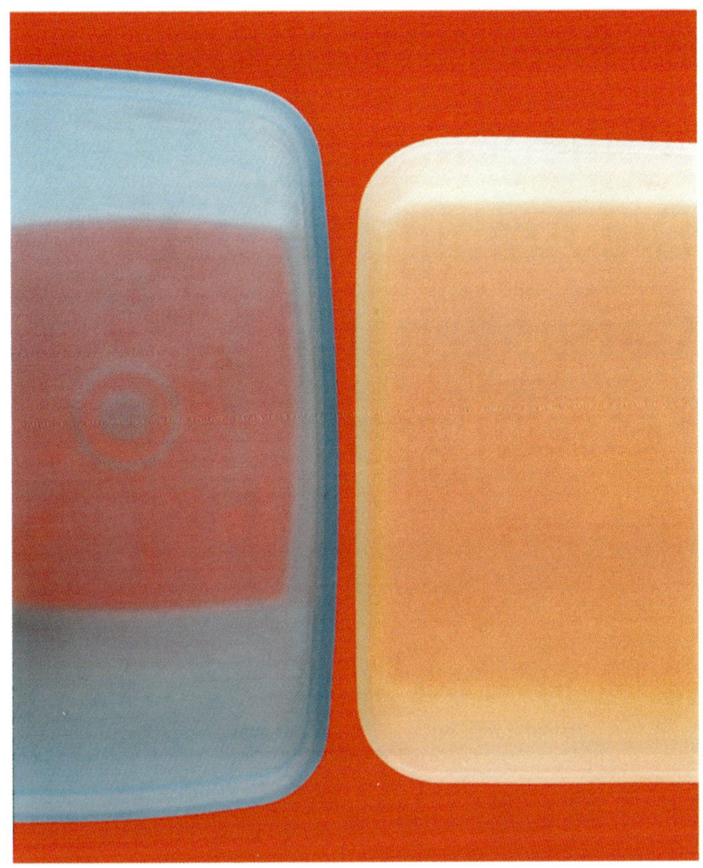

Abb. 30
Richard Caldicott, *o. T. #57*, 1998, Cibachrome, © Richard Caldicott

ten Möglichkeit, den Raum über das Medium hinaus zu Nullen und auf eine Zweidimensionalität hin zu befragen, wird der bloße Abbildungscharakter so weit untergraben, dass sich eine symbolische Kraft entfalten kann. Für Araki ergibt sich daraus, dass in seinen Fotografien die Gegenstände und Menschen zu Bildern werden und so von einer Verweis- oder eben Symbolkraft durchzogen sind. Als bedeutungsvoller Formenreigen verstanden, versinnbildlichen die vielen einzelnen Thanatos-Momente eine tiefgreifende Auseinandersetzung mit fleischlicher Lust, Schönheit, aber vor allem deren Vergänglichkeit vor dem Hintergrund des Status' und Potentials eines Bildes.

4. Akt, Portrait und Stillleben – Die Ambiguität der Gattungen in Arakis Fesselbildern

In der Analyse von Arakis *kinbaku*-Fotografien, die durch die Bedeutung des Fesselns, des Kimonos und der nackten Haut auf den ersten Blick vor allem erotische Sujets verhandeln, haben sich doch immer wieder Aspekte des Portraits und des Stilllebens eingeflochten. Dies führt zu Irritationen bei der Rezeption, da sexualisiert-erotische Motive auf persönlich-intime und melancholisch-morbide treffen. Die eingangs skizzierten weiteren Bedeutungen der Fesselkunst, des Kimonos und der Kalligraphie, die sich durch Zurückhaltung und Meditation auszeichnen, sind demnach über ihre eigene Verweiskraft hinaus durch unterschiedliche Darstellungsmittel mit ins Bild gebracht. Dabei handelt es sich um jene Gestaltungsprinzipien, die zu Beginn der Arbeit das Irritationsmoment von inszeniert und unposiert beschrieben. Diesem Moment der Uneindeutigkeit liegen also zwei Widersprüche zu Grunde. Einmal handelt es sich um die erwähnte Gegenüberstellung von eindeutiger Inszenierung und erheblichen fotografisch-technischen Fehlern oder Bildlichkeitsverweisen und zum anderen um den Widerspruch von expliziter Sexualisierung und persönlicher Intimität sowie Vergänglichkeitsaspekten. Wie der Titel dieses Kapitels schon sagt, sollen Arakis *kinbaku*-Fotografien keiner bestimmten Gattung zugeordnet werden. Doch haben die sich in der Analyse ergebenen Gattungsaspekte als Erweiterung der Fragestellung herausgestellt. Sie ermöglichen es zudem, die Befragung in Bezug auf die Genres vor einer neuen Perspektive zusammenzuführen. Einerseits kann von einer Subjektivierung und andererseits von einer Objektivierung des Modells ausgegangen werden. Der Status der inszenierten Frau changierte im Verlauf der Analyse wiederholt zwischen diesen beiden Extrempunkten. Sie wurden als Resultate der verschiedenen Gestaltungsprinzipien verhandelt. Zu einer Subjektivierung kommt es in der Betonung der Individualität des abgebildeten Menschen. Das Sujet folgt einem portraitierenden Interesse, das sich beispielsweise in der Anwendung tradierter Portraitformen des Brustbildes oder Kniestücks sowie von Mittelachsenbetonungen äußert. Objektiviert erscheint die Protagonistin durch die Art der Inszenierung überhaupt. Das *kinbaku* und die Verkleidung entheben sie jeder Singularität und machen sie zum stilisierten Gegenstand eines Bildes. Der Widerspruch ist offensichtlich. Um diese Gegensätzlichkeit greifbar am Bild festmachen zu können, wurden fünf Araki-esque Kategorien gebildet, innerhalb derer übergreifende Funktionsweisen von Gestaltungsmitteln verhandelt wurden. Die für den Künstler spezifischen Inszenierungsprinzipien sind der direkt-versunkene Blick, das Fotomodell-Fragment, der inszenierte Fehler, die konstruierend-impulsive Übermalung und das Thanatos-Moment. Konstituierend für diese Kategorien sind zudem die Art und Weise des Einsatzes von Licht, die Betonung der Bildachsen, die Verwendung von Farb- und Tonkontrasten sowie die Wahl der Perspektive.

Bereits die Tatsache des gehäuft auftretenden direkten Blicks der im Fokus stehenden Modelle ist ein typisches Gestaltungsmittel der besonderen Form des inszenierten Portraits. Generell fokussiert Araki das Gesicht seiner Protagonistinnen durch ihre Lage auf den zentralen Bildachsen. Dadurch und durch eine gleichmäßige Ausleuchtung wird das Interesse an der individuellen Physiognomie formuliert. Vor allem durch die Erwiderung des Betrachterblicks kommt eine Adressierung, eine Kommunikation zwischen Betrachter und Betrachteter zustande. Die damit einhergehende Annäherung verstärkt sich außerdem in der fehlenden Pose des Blicks. Im Verzicht auf Theatralik entfremden sich Bildgegenstand und Rezipient voneinander. Im Falle eines abgewendeten Blicks lenkt Araki durch Lichtsetzung und unterstreichende Farbakzente der Übermalungen die Aufmerksamkeit auf das Gesicht, was zudem subjektivierend wirkt. Der Farbauftrag lässt vor allem die persönliche Auseinandersetzung des Künstlers mit seinem Motiv spürbar werden, da er sich durch impulsive, der Form folgende Pinselführungen äußert. Insbesondere die deckenden Übermalungen haben in diesem Zusammenhang ebenfalls die Funktion, eine Leerstelle zu erzeugen, die in ihrer nachträglichen Hinzufügung etwas Exklusives zurückhält, das lediglich dem Fotografen und dem Modell zugänglich ist. Einen vergleichbaren Charakter weisen die fehlerhaften Momente wie Unschärfe oder stürzende Perspektiven auf. Fehlerhaft sind sie insofern, als dass sie auf das Bildmedium verweisen und es damit dekonstruieren. Der Künstler kommt so ebenfalls ins Bild und gibt damit sein Interesse am Unmittelbaren seiner Beziehung zum Modell zu erkennen. Es wird etwas Atmosphärisches ins Bild getragen. An diesen Beobachtungen reibt sich nun das oben angesprochene, die Bilder dominierende Moment der hochgradigen Sexualisierung. Es distanziert den Betrachter bei dem Versuch der Einfühlung in das Bild, da die erotisierenden Strategien vor allem die des *kinbaku* sehr präsent sind. Sie stehen im Widerspruch zu den subjektivierenden Gestaltungsmitteln, die das Gesicht fokussieren, und entheben die Frau ihrer Individualität. Umgekehrt wird das Objekthafte dadurch, dass das Gesicht und der Blick so dominant sind, ebenfalls aufgebrochen. Zwei gegenläufige Momente spannen sich vor dem Betrachter auf.

Auch aus medialer Sicht gibt es Gestaltungsmittel, die beide Richtungen der Ausdeutung zulassen. Anschnitte durch den fotografischen Rahmen verweisen einerseits auf die räumliche Verortung zum Fotografen, fragmentieren aber andererseits das Modell und reduzieren seinen Körper zur bloßen Oberfläche, die so für Projektionen bereit steht. Für diesen Aspekt war der Vergleich mit Manets *Olympia* bzw. dem Weiß ihrer Haut und die Betrachtung des direkten Blicks besonders hilfreich, da sie gezeigt haben, dass der Betrachter über das Fokussieren der Dargestellten hinaus in dem flächig ausgeführten Inkarnat impliziert ist.

Ähnlich verhält es sich mit den Übermalungen. Zum einen verweisen sie in ihrem Auftrag auf die flächige Materialität und Realität der Fotografie und zum anderen verleihen sie dem Bild Raum für Assoziationen, die Leerstellen beim Rezipienten auslösen. Dadurch wird er involviert, doch hat dies mit der oben angesprochenen persönlichen Kommunikation nichts zu tun, da hier das Körperliche, das Objektivierte im Vordergrund steht. Hier ist die Dargestellte zu einer Aktfotografie geworden. Es handelt sich bei Araki um ein Spiel mit dem begehrlichen Blick auf einen Akt, der als ein artifizielles Objekt als unpersönlich und dadurch als leicht zu absorbieren verstanden wird. Diese Form der Objektivierung spielt mit fotografischen und bildnerischen Floskeln, die durch ihre Lesbarkeit stark sind, sich jedoch nicht vom Sog des ausdruckslosen Blicks emanzipieren können.

In Arakis Bildern erkennt und mahnt dieser den vermeintlichen Voyeur vor dem Bild. Die Mahnung richtet sich aber nicht etwa an das Verbotene seines Eindringens als vielmehr an die Vergegenwärtigung des Kurzweiligen, Vergänglichen eines erregenden Augenblicks.

Arakis Verquickung von Intimität und Inszenierung führt also über das Portraitieren und das Zeigen eines weiblichen Objekts zu gleichen Teilen hin zur Thematisierung von Aspekten eines *vanitas*-Stilllebens. Bestärkt wird dies durch die melancholische Stimmung, die über den Bildern schwebt. Sie kommt zustande durch die statischen Kompositionen und die farbliche und grafische Amalgamierung von Mensch und Interieur. Sie spricht die Sprache des Dauerhaften, des Ewigen, dem die Modelle ausdruckslos ausgesetzt sind. Die Gefesselte nähert sich ihrem leblosen Umfeld an. Ihr sind zudem leblose Gegenstände wie Plastikspielfiguren zur Seite gestellt. Lebendiges und Totes wird einander gegenüber gestellt. Dadurch aber, dass die Frauen selbst mittels entsprechend ambivalenter Symbole wie dem *kinbaku* und der Kalligraphie stilisiert werden und sie sich in ihrer Inszeniertheit selbst einem Tableau annähern, werden ihre Körper zu Aussagen über Weiblichkeit, Lust und Vergänglichkeit. Die Verbindung mit Blumen, die in ihrer symbolischen Bedeutung ebenfalls auf diese genannten Begriffe verweisen, verstärkt dies. Hinzu kommt der kontemplative Charakter, die versunken-melancholische Statuarik der Gefesselten, die zusammen in eine Objektivierung münden, die nichts mehr mit dem Aktbild-als-Projektionsfläche gemein hat. Und zwar insofern, als der Akt zum Bestandteil eines Reigens rhetorischer und symbolischer Figuren im Bild wird.

Für die Gattungsfrage ergibt sich zusammengefasst, dass durch die Vermengung genretypischer Darstellungsprinzipien und einer damit einhergehenden Widersprüchlichkeit wie sie sich bei Araki formuliert, eine Ambiguität erzeugt wird, die weder eine Zuschreibung noch eine Entgrenzung der Bilder zu bzw. von einer bestimmten Gattung nach sich zieht. Dadurch befragen seine Fotografien vielmehr das Aussagevermögen von Bildern. Araki gelingt dies, indem er auf der einen Seite konkret bleibt, also nicht wie Hans Bellmer den Frauen ihre eigentliche Form nimmt, sondern sie so inszeniert, dass sie sich mit der Flächigkeit der Fotografie verbinden, ohne dabei ihre Körperlichkeit zu verlieren. Dies wird über eine Gleichschaltung mit dem leblosen Raum, eine Entindividualisierung der Gefesselten erreicht, wobei aber trotzdem auf ihre singulären Züge eingegangen wird. Vergleichbar wurde dies durch die Betrachtung der

Übermalungen von Arnulf Rainer, der den Reproduktionen von Werken der Kunstgeschichte intuitive Räumlichkeit verleiht. Die Stilllebenfotografie von Caldicott und Goedicke führt die Frage nach dem Potential von Bildlichkeit, speziell der fotografischen, zu einem Schlusspunkt. Sie nehmen ihren gegenständlichen Arrangements die Körperlichkeit, um im konkreten eine kontemplative Kraft des Abstrakten zu erzeugen. Araki nähert die Frauenkörper der fotografischen Fläche, der Bildlichkeit selbst an, um so eine Vergegenwärtigung des Vergänglichen zu evozieren. Sein Weg zur Kontemplation beruht also auch auf Abstraktion, ohne dabei jedoch das Gegenständliche zu verlassen, dessen sich vor allem Caldicott nahezu gänzlich entsagt. Er bricht demnach die symbolische Aussagekraft eines *vanitas*-Stilllebens, dem er sich thematisch widmet, formal auf den anteiligen inhaltlichen Abstraktionsgehalt herunter. Caldicott bildet mit der inszenierten Nacktheit seiner Plastikgegenstände die dieser Stilllebenform zugrunde liegende Idee ab: eine medienreflexive Thematisierung von Vergänglichkeit. Araki geht dazu gattungsübergreifend vor, um dem Bild die mehrschichtigen Bedeutungen der enthaltenen Gegenstände spannungsvoll einzuschreiben. Die Frauen werden durch das damit einhergehende Wechselspiel von Abbild und Bild abstrahiert und folglich zum Symbol. Portrait, Akt und Stillleben stehen nicht länger nebeneinander, sondern sind vielfach miteinander verbunden.

Literaturverzeichnis

Von AMELUNXEN, Hubertus: Die aufgehobene Zeit: Die Erfindung der Photographie durch William Henry Fox Talbot. Berlin 1988.

BADELT, Sandra: Die nackte Wahrheit. Betrachtungen zum exponierten Geschlecht in der zeitgenössischen Kunst. In: Wismer, B./Badelt, S. (Hrsg.): Diana und Actaeon. Der verbotene Blick auf die Nacktheit. Kat. Ausst. Museum Kunst-Palast Düsseldorf. Ostfildern-Ruit 2008.

BARTHES, Roland: Die helle Kammer. Bemerkungen zur Photographie. Frankfurt am Main 2012.

BECKER, Ilka: Fotografische Atmosphären. Rhetoriken des Unbestimmten in der zeitgenössischen Kunst. München 2010.

BIANCHI, Paolo: Ästhetik der Fotografie. In: Grosenick, U./Seelig, Th. (Hrsg.): Photo Art. Fotografie im 21. Jahrhundert. Köln 2007.

BLESSING, Jennifer: Die klassische Allegorie in der Fotografie. In: Celant, G./Ippolitov, A. (Hrsg.): Robert Mapplethorpe und die klassische Tradition: Fotografie und manieristische Druckgrafik. Kat. Ausst. Deutsche Guggenheim Berlin, Berlin 2004.

BOECKER, Susanne: Zeitgenössische japanische Fotografie. In: Bianchi, Paolo (Hrsg.) Kunstforum international. Nr. 168. Köln 2004. S. 193-247.

BREHM, Margit: Die Melancholie des Körpers in der Stadt. Nobuyoshi Araki und Aya Takano. In: Husslein-Arco, Agnes (Hrsg.): Die sinnliche Linie. Klimt, Schmalix, Araki, Takano und der japanische Holzschnitt. Kat. Ausst. Museum der Moderne Salzburg. Weitra 2004.

BRINKER, Helmut: Zen in der Kunst des Malens. Bern, München, Wien 1991.

BRONFEN, Elisabeth: Nackte Berührung – Disfiguration und Anerkennung im weiblichen Akt. In: Schulze, S. (Hrsg.): Nackt! Frauenansichten. Malerabsichten. Aufbruch zur Moderne. Kat. Ausst. Städelsches Kunstinstitut Frankfurt am Main. Ostfildern-Ruit 2003.

BRONFEN, Elisabeth: Wunden der Verwunderung. In: Goetz, I. (Hrsg.): Diane Arbus – Nobuyoshi Araki – Nan Goldin. Kat. Ausst. Sammlung Goetz München. München 1997.

Von BRÜCK, Michael: Zen. Geschichte und Praxis. München 2004.

BRUSIUS, Mirjam: Unschärfe als frühe Fotokritik. Julia Margaret Camerons Frage nach dem Maß der Fotografie im 19. Jahrhundert. In: Reichle, I./Siegel, S. (Hrsg.): Maßlose Bilder. Visuelle Ästhetik der Transgression. München 2009.

BURTSCHELL, Katrin: Nobuyoshi Araki und Henry Miller – eine japanisch-amerikanische Analogie: ein interdisziplinärer Ansatz über Absicht und Wirkung des Obszönen in Kunst und Literatur. Berlin 2009.

CARTIER-BRESSON, Henri: Der entscheidende Augenblick. New Yourk 1954. Gekürzt in: Kemp, Wolfgang: Theorie der Fotografie III. 1945-1980. München 1999.

DELANK, Claudia: Frühlingsbilder (shunga). Japanische erotische Holzschnitte. In: Wismer, Beat (Hrsg.): Der verbotene Blick auf die Nacktheit: Diana und Actaeon. Kat. Ausst. Museum Kunst-Palast Düsseldorf. Ostfildern-Ruit 2008.

DELEUZE, Gilles: Das Bewegungs-Bild. Frankfurt am Main 1997.

DELEUZE, Gilles: Das Zeit-Bild. Frankfurt am Main 1997.

DREVES, Hannelore: Japan. Der erotische Körper – wirklich nackt? In: Hornborstel, W./Jockel, N. (Hrsg.): Nackt: die Ästhetik der Blöße. Kat. Ausst. MKG Hamburg. München 2002.

FINKELDEY, Bernd: Der Stand der Dinge. In: Kunstverein Göppingen e.V. (Hrsg.): Stilleben. Photographien von Candida Höfer, Christopher Muller, Claus Goedicke. Kat. Ausst. Städtische Galerie Göppingen. Göppingen 1998.

FRITSCH, Lena: The Body as a Screen: Japanese Art Photography of the 1990s. Hildesheim 2011.

GAßNER, Hubertus: Unscharf – Bilder der Einbildung. In: Gaßner, H./Koep, D. (Hrsg.): Unscharf. Nach Gerhard Richter. Kat. Ausst. Hamburger Kunsthalle, Ostfildern-Ruit 2011.

GERDSEN, Judith: Die Leidenschaft der Linien. Nobuyoshi Arakis gefesselte Japanerin. In: Sykora, K./Derenthal, L. u.a. (Hrsg.): Fotografische Leidenschaften. Marburg 2006.

GÖRNER, Veit: Hajime. In: Görner, V./Moll, F.T. (Hrsg.): Nobuyoshi Araki. Araki meets Hokusai. Band I. Kat. Ausst. Kestner Gesellschaft Hannover. Hannover 2008.

GRANT, Michael: Lexikon der antiken Mythen und Gestalten. 1990.

GRIMME, Matthias: Japan Bondage: Bondage Handbuch spezial. Hamburg 2011.

GRITTMANN, Elke: Das politische Bild. Fotojournalismus und Pressefotografie in Theorie und Empirie. Köln 2007.

HAGENBERG, Roland: Interview mit Nobuyoshi Araki. In: Osterkorn, Th./Petzold, A. (Hrsg.): Araki. Hamburg 2009.

HOOTON, Keiko S./GODFREY, T.: Contemporary Photography in Asia. München 2013.

HÜPPAUF, Bernd: Eine neue Unschärfe. In: Gaßner, H./Koep, D. (Hrsg.): Unscharf. Nach Gerhard Richter. Hamburger Kunsthalle. Ostfildern-Ruit 2011.

JOHN, Barbara: Stilleben in Italien. Die Anfänge der Bildgattung im 14. und 15. Jahrhundert. Frankfurt am Main, Bern, New York, Paris 1991.

KOCH, Roberto: Große Fotografen. München 2013.

KOERFER, Thomas: Wie in einem Spiegel. Der Einfluss des Films auf die Körperdarstellung in der zeitgenössischen Kunst. In: Karabelnik-Matta, M.(Hrsg.): Stripped Bare – Der entblößte Körper in der zeitgenössischen Kunst und Fotografie. Ostfildern-Ruit 2004.

KROHN, Silke: Form – Informe. In: Kittelmann, U./Zacharias, K. (Hrsg.): Hans Bellmer – Louise Bourgeois. Double Sexus. Kat. Ausst. Sammlung Scharf-Gerstenberg, Nationalgalerie Berlin. Berlin 2010.

KÜSTER, Ulf: Glossar zu {Thanatos/Tod}. In: Fondation Beyeler/BA~CA Kunstforum (Hrsg.): Eros in der Kunst der Moderne. Kat. Ausst. Fondation Beyeler, Riehen/Basel u.a. Ostfildern-Ruit 2006.

LÜTHY, Michael: Bild und Blick in Manets Malerei. Berlin 2003.

MAPPLETHORPE, Robert: Flowers. Robert Mapplethorpe. München 1993.

MARCHAL, Stephanie: Gustave Courbet in seinen Selbstdarstellungen. München 2012.

MEINHARDT, Johannes: Das Leben als Fotoroman. Zu den Fotos von Nobuyoshi Araki. In: Schweizerischer Kunstverein (Hrsg.): Das Kunst-Bulletin. Nr. 4. Zürich 1997. S. 20-25.

MERSMANN, Birgit: Repräsentation und Korrelation. Zum Verhältnis von Bild und Wirklichkeit in Ostasien. In: Belting, H. (Hrgs.): Quel Corps. Eine Frage der Repräsentation. München 2002.

MIKI, Akiko: The photographic life of Nobuyoshi Araki. In: Miki, A./Isshiki, Y. (Hrsg.): Nobuyoshi Araki. Self Life Death. Kat. Ausst. Barbican Art Gallery London. London, New York 2005.

MOLL, Frank-Thorsten: Arakis I-Photography. In: Görner, V./ Moll, F.T. (Hrsg.): Nobuyoshi Araki. Araki meets Hokusai. Band I. Kat. Ausst. Kestner Gesellschaft Hannover. Hannover 2008.

MUELLER, Jessica: La Soupe de Daguerre. In: Staatliche Kunsthalle Baden-Baden (Hrsg.): Lautlose Gegenwart. Das Stilleben in der zeitgenössischen Fotografie. Kat. Ausst. Staatliche Kunstalle Baden-Baden. Baden-Baden 1999.

MUNROE, Alexandra: Japanese Art after 1945. Scream against the sky. Kat. Ausst. Sogo-Bijutsokan Yokohama, Guggenheim Museum New York u. a., New York 1994.

MURKEN, Christa: Die Liebe, die Trauer, die Zeit. Aspekte zur Erotik und Melancholie in der Kunst der Gegenwart. In: Murken, A./ Murken, Ch. (Hrsg.): Melancholie und Eros in der Kunst der Gegenwart: Sammlung Murken. Kat. Ausst. Ludwig Forum für internationale Kunst Aachen. Köln 1997.

OHLSEN, Nils: Akt und Gesellschaft. In: Sommer, A./Ohlsen, N. (Hrsg.): Der Akt in der Kunst des 20. Jahrhunderts. Kat. Ausst. Kunsthalle Emden. Emden 2002.

PAPE, Helmut (Hrsg.): Charles S. Peirce – Phänomen und Logik der Zeichen. Frankfurt am Main 1993.

PITMAN, Joanna: Japan beneath the kimono. Times, 27.09.2005.

PETRY, Michael: Nature Morte. Stillleben in der zeitgenössischen Kunst. München 2013.

SCHADE, Sigrid: Der Mythos des „Ganzen Körpers". Das Fragmentarische in der Kunst des 20. Jahrhunderts als Dekonstruktion bürgerlicher Totalitätskonzepte. In: Barta, I./Breu, Z./Hammer-Tugendhat, D. u. a. (Hrsg.): Frauen, Bilder, Männer, Mythen. Kunsthistorische Beiträge. Berlin 1987.

SIEMENS, Jochen: Wilder Bilder. In: Osterkorn, Th./Petzold, A. (Hrsg.): Araki. Hamburg 2009.

SONTAG, Susan: Über Fotografie. Frankfurt am Main 2008.

SPIELMANN, Heinz: Die japanische Photographie. Geschichte-Themen-Strukturen. Köln 1984.

SPRINGER, Peter: Voyeurismus in der Kunst. Berlin 2008.

STEARNS, Robert: Photography and Beyond in Japan. Space, Time and Memory. Kat. Ausst. Hara Museum of Contemporary Art Tokyo, New York 1995.

STEINER, Juri: Und das ist alles, was wir wollen. Moderne Kunst und Pornografie. In: Karabelnik-Matta, M.(Hrsg.): Stripped Bare – Der entblößte Körper in der zeitgenössischen Kunst und Fotografie. Ostfildern-Ruit 2004.

STELZER, Otto: Kunst und Photographie. Kontakte, Einflüsse, Wirkungen. München 1978.

STIEGLER, Bernd: Bilder der Photographie. Ein Album photographischer Metaphern. Frankfurt am Main 2006.

THIEROLF, Corinna: Unio mystica. Die unaufhörliche Annäherung an das Absolute. In: Bayrische Staatsgemäldesammlungen (Hrsg.): Arnulf Rainer. Der Übermaler. Ostfildern-Ruit 2010.

TUPITSYN, Viktor: Canny Uncanny. Das Heimliche und das Unheimliche. In: Karabelnik-Matter, M. (Hrsg.): Stripped Bare – der entblößte Körper in der zeitgenössischen Kunst und Fotografie. Ostfildern-Ruit 2004.

WALTER, Christine: Bilder erzählen. Positionen inszenierter Fotografie: Eileen Cowin, Jeff Wall, Cindy Sherman, Anna Gaskell, Sharon Lockhard, Tracey Moffatt, Sam Taylor-Wood. Weimar 2002.

WEIERMAIR, Peter: Das Bild des Körpers. In: Weiermair, P. (Hrsg.): Das Bild des Körpers. Kat. Ausst. Frankfurter Kunstverein, Frankfurt am Main. Schaffhausen 1993.

YUKI, Madoka: Ich- Fotografie. Kommunikationsformen in Japan seit den 1990er Jahren. Berlin 2012.

ZIEGLER, Ulf Erdmann: Ein komplexer Charakter. Über Nobuyoshi Arakis fotografisches Werk. In: Zdenek, Felix (Hrsg.): Nobuyoshi Araki: Tokyo – Markt der Gefühle. Kat. Ausst. Deichtorhallen Hamburg. Zürich 1998.

Onlinequellen

FÖRSTER, Jochen: Kinbaku – die Kunst des Fesselns: Eine Nacht mit Nobuyoshi Araki, dem Fotografen des zügellosen Japan.
URL: http://www.welt.de/print-welt/article395826/Kinbaku.html
Letzter Zugriff: 11.07.2015.

MATZNER, Alexandra: Malerei und Kalligraphie in Japan. Japan – Fragilität des Daseins.
URL: http://www.textezukunst.com/index.php?page=malerei-und-kalligraphie-in-japan.
Letzter Zugriff: 12.07.2015.
URL: http://www.beyars.com/kunstlexikon/lexikon_8834.html;
Letzter Zugriff: 26.07.2015

Zur Autorin

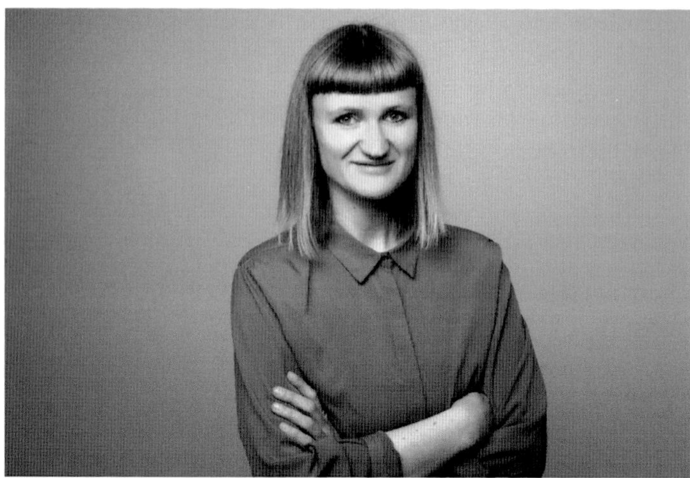

Claudia Dell ist 1987 in Greifswald geboren. Sie studierte Germanistik, Kunstgeschichte und Filmwissenschaft an der Universität Greifswald und an der Friedrich-Schiller-Universität in Jena. Sie ist seit 2016 Mitglied der Text- und Bildredaktion des Erfurter HANT – Magazins für Fotografie, welches durch den Fotoinit e. V. zweimal im Jahr herausgegeben wird. 2017 war Claudia Dell an verschiedenen Ausstellungsprojekten im Kunstverein Gera e. V. und der Kunsthalle Erfurt tätig. 2018 realisiert sie in der freien Kulturszene Literaturveranstaltungen und Fotoprojekte, die in Ausstellungen und Präsentationen im öffentlichen Raum münden. Außerdem ist sie als Kunstvermittlerin an den Erfurter Museen tätig.